수입 뜨개실 전문 온라인 쇼핑몰인 amuhibi는
2018년 10월 말에 문을 열었습니다.
반복하고 반복해 정성스레
뜨개코를 뜨는 나날의 즐거움을
숍 이름에 담았습니다.

2021년 5월에는
후쿠오카시 주오구에
오프라인 숍을 열었습니다.
단독주택 1층에는 숍이,
2층에는 뜨개교실과 워크숍을 할 수 있는 공간이 있고
임시 보호를 하다가 인연을 맺게 된
고양이 두 마리가 살고 있습니다.

고양이를 무릎에 올리고
즐겁게 손을 놀리는 손님들의 대화,
고등학교에서 들려오는
수업 종소리.

amuhibi 일상은
늘 평온하고 다정하고 따스합니다.
그런 곳에서 탄생한
니트 15작품.

어느 하나 빼놓지 않고
지금 여러분에게 떠주고 싶고,
입어주었으면 하는 것뿐입니다.
추운 겨울날 이내 손을 뻗게 되는,
착용감이 좋고 따뜻해서
한 장으로도 든든하게 의지할 수 있는
니트를 목표로 삼았습니다.
뜨는 즐거움도 함께 가득 담았답니다.

즐겁게 손뜨개 계획을 세우면서
읽어주면 좋겠습니다.

amuhibi 오너
디자이너 & 뜨개 강사
우메모토 미키코

amuhibi
가장 좋아하는
니트

amuhibi와
뜨는 니트

우메모토 미키코 지음 | 강수현 옮김

한스미디어

Fashion

2022년에 《amuhibi KNIT BOOK》을 출간하고 1년이 흘렀습니다. 이 책은 저의 두 번째 책입니다. 이번에도 제가 지금 입고 싶고, 떠주고 싶은 니트 총 15 작품을 담았습니다. 니터 여러분의 마음에 드는 작품이 많았으면 하는 바람입니다.

이번 책에서는 우리 니터들이 조금이라도 만족도 높은 니트를 뜰 수 있도록 디자이너로서 할 수 있는 일이 무얼까 고민을 했습니다. 그래서 색상을 선택하는 요령이나 대체실을 찾을 때 주의점, 실수하지 않고 뜨는 요령 등 책에 수록된 작품과 관련이 있는 여러 가지 고민들을 모아 칼럼에 정리했습니다. 칼럼에 실린 내용들은 책에 실린 작품을 뜨기 위한 하나의 제안이기도 하지만 분명 다른 작품을 뜰 때도 응용하거나 참고할 수 있을 거예요.

이름하여, '애써 뜬 니트, 가장 좋아하는 작품으로 만들기 대작전'입니다. 여러분에게 보내는 저의 이런 저런 이야기들을 작품 사이사이에 풀어놓기도 했습니다. 부디 작품을 만드는 데 도움이 됐으면 좋겠습니다.

손뜨개 동료 여러분에게 사랑을 담아, Enjoy!

amuhibi의 가장 좋아하는 니트

CONTENTS

KNIT_01

SCALLOP YOKE

스캘럽 요크

YARN: DARUMA 체비엇 울

SEE / PAGE_58

반원을 연결한 리드미컬한 스캘럽 무늬가 재미있는 스웨터입니다. 앞뒤 단차가 없어 뜨기에도 편해요. 품을 넉넉하게 디자인해서 입었을 때의 느낌도 쾌적하답니다. 요크는 입고 있는 본인에게는 무늬가 잘 보이지 않아서 왠지 섭섭하지 않을까 하는 마음에 팔목에도 스캘럽을 넣었습니다. 자신이 입고 있는 스웨터의 '귀여움'을 소매를 보고 확인하며 씨익 웃어주세요.

glasses: Anne et Valentin, pants: UpcycleLino BASIC, bag: Brady, shoes: JOSEPH CHEANEY

bag/GLENROYAL

KNIT_02

ARAN & BRIOCHE PULLOVER

아란 & 브리오슈 풀오버

YARN: DARUMA 랑부예 메리노 울

SEE / PAGE_61

전통적인 무늬를 연상시키는 아란 무늬에 브리오슈뜨기를 조합했더니 아주 로맨틱한 이미지가 되었어요. 그렇다면 퍼프소매가 아니면 안 되지 하는 느낌으로 완성한 것이 이 풀오버입니다. 차분한 색감을 써서 한층 여성스럽게 완성했지만, 짙은 빨강이나 진한 남색, 검은색 등 강한 색상으로 떠도 멋질 거예요.

bag/GLENROYAL

KNIT_03

FAV BOBBLE

러블리한 버블

YARN: WOOL DREAMERS LA RINCONADA

SEE / PAGE_64

사실 오래전부터 저는 버블 무늬(구슬뜨기)가 조금 익숙하지 않았어요. 그 달콤하고 귀여운 이미지가 어쩐지 저와는 어울리지 않는다고 생각해서였지만, 언제까지 피하기만 할 수는 없다고 마음먹고 나만의 '버블 스웨터'를 디자인했습니다. 무늬를 한 줄로 줄지어 배치했더니 취향을 저격할 만한 재밌는 느낌이 나와서 좋았습니다. 구슬뜨기도 재밌어서 나도 모르게 소맷부리까지 뜨고 말았지 뭐예요. 덕분에 아주 멋진 스웨터를 완성했습니다.

glasses: Lesca LUNETIER, jacket&pants: UpcycleLino BASIC, shoes: JOSEPH CHEANEY

KNIT_04

HERRINGBONE TUNIC

헤링본 튜닉

YARN: 하마나카 소노모노 '합태', 소노모노 헤어리

SEE / PAGE_68

블라우스 같은 니트를 만들고 싶어서 고민에 고민을 거듭하다가 디자인한 작품입니다. 요크 부분은 미니 헤링본 뜨기입니다. 요크가 완성되면, 주름을 잡아가며 코를 주워서 튜닉 부분을 헤어리 얀으로 빙글빙글 원통뜨기합니다. 실은 모두 하마나카 제품이에요. 예전부터 어머니가 운영하시던 하마나카 뜨개숍의 오마주입니다. 어머니에 대한 감사의 마음두 함께 닦은 새하얀 니트. 하늘하늘한 투명감을 즐겨주세요.

KNIT_05

TENSEN

점선

YARN: DARUMA 셰틀랜드 울

SEE / PAGE_74

bag: GLENROYAL

점선을 몸판과 소매에 배치한 배색무늬 스웨터. 뜰 때는 굉장히 심플한 모양인데, 입으면 공들여 뜬 것처럼 보여서 기분 좋은 디자인입니다. 넓은 보트네크라인에서 이어지는 여유로운 몸판에 9부 소매와 딱 붙는 슬림한 커프스를 조합해 전체적인 밸런스가 지나치게 느슨해지지 않도록 했습니다.

KNIT_06

THE POOH'S LETTER SWEATER

곰돌이 푸 스웨터

YARN: ROWAN KIDSILK HAZE

SEE / PAGE_76

영문 티셔츠 같은 스웨터를 모헤어로 뜨면 재밌겠다는 아이디어에서 탄생한 레터 스웨터. 글씨는 영화 〈곰돌이 푸〉의 대사입니다. “Doing nothing often leads to the very best something(아무것도 하지 않는 것이 가장 좋은 것을 만들어낼 수도 있어요).” ‘아무것도 이루지 못했어’라고 한탄하는 친구에게 푸가 다정하게 위로하며 했던 말입니다. 생산적인 하루를 보내야 한다며 스스로를 몰아붙이기 일쑤인 저도 이 말에 큰 위안을 받았습니다. 그래서 가장 좋아하는 이 대사를 곰돌이 푸를 상징하는 노랑과 검정으로 배색했습니다. 배색무늬뜨기가 서툰 사람이라도 모헤어는 엉성함이 눈에 잘 띄지 않으니 꼭 한번 도전해보세요.

COFFEEHOUSE

PING

PANG

PONG

KNIT_07

KEY NECK SWEATER

키 넥 스웨터

YARN: 퍼피 브리티시 파인

SEE / PAGE_71

레트로 느낌의 키 네크라인을 형광색과 조합해 프레시한 이미지로 완성했습니다. 어려울 것처럼 보이는 이 무늬는 가터뜨기와 걸러뜨기로 구성해 보기보다 훨씬 간단합니다. 제가 사용한 실인 브리티시 파인은 전형적인 영국 얀으로 약간 까슬하지만 여러 번 입다 보면 보풀이 없어져서 부드러워집니다. 그때까지는 긴 티셔츠나 블라우스를 받쳐 입는 등 레이어드 스타일을 즐겨보세요.

pants: nest Robe, glasses: Lesca LUNETIER

배색무늬의 색 조합에는 무늬마다 요령이

SCALLOP YOKE (PAGE_6)

스캘럽 스웨터의 배색에서는 ① 베이스 컬러, ② 얼굴과 가까운 색, ③ ① + ② 사이에 낀 3색으로 나눠서 생각합니다. 막연하게 고르면 어떻게 해야 할지 막막해지니 '면적이 큰 순서(①→②→③)'로 색상을 선택합니다.
돌려 입기 좋은 스웨터를 만들고 싶다면 ①을 내추럴 계열의 베이지나 남색, 그레이 등의 기본 컬러로 해보세요. 무채색 베이스는 다른 색을 돋보이게 해주는 역할로 최고이니 스캘럽 무늬를 과감한 색상으로 해도 잘 어우러져 보입니다. ①을 정하면 다음은 ①과 밸런스를 고려해 ②를 결정합니다. 이 2색의 밸런스가 좋지 않으면 ③을 잘 조합해도 조화롭지 않아 보이고 맙니다.
책에서 지정한 실인 체비엇 울은 총 10가지 색이 있는데, 이번 작품에 사용한 메인 컬러 외에도 다른 색으로도 떠보았습니다. 오른쪽 두 개의 작품이 전혀 다른 인상으로 완성된 이유는 ①의 베이스 컬러를 짙은 남색으로 선택한 영향이 크다고 생각합니다. ① + ②가 진남색과 다크그레이의 베이직하고 어두운 색 조합이므로 ③에 고동색을 끼워 넣고 선명한 그린과 화이트로 강한 대비를 주었습니다. 베이스가 어두운 색이라면 스캘럽 부분에 강한 색을 써야 인상적이고 멋진 배색이 됩니다.
참고로 흰색은 배색할 때 강한 색으로 여깁니다. 특히 체비엇 울의 흰색처럼 노란빛이 없는 새하얀 흰색은 '화려하고 강한 색'입니다. 이러한 배색과 선명한 흰색 덕분에 빛나는 컬러링이 됐습니다. 대체 실로는 WOOL DREAMERS의 MOTA를 추천합니다. 색상 수가 풍부하므로 색 조합도 훨씬 자유롭게 즐길 수 있을 거예요.

KEY NECK SWEATER (PAGE_18)

키 네크라인 스웨터 몸판의 무늬에는 3가지 색을 사용했습니다. 이 무늬뜨기는 3색 모두 같은 분량이며, 모든 색이 서로 이웃합니다. 3색을 훌륭하게 조합하는 요령에는 몇 가지가 있지만 세련되면서도 정돈된 느낌의 조합을 만들고 싶다면, '비슷한 2색 + 포인트 색' 같은 식으로 3색을 나눠서 생각해보면 수월합니다. 18페이지의 스웨터는 짙은 블루와 밝은 블루 조합에, 포인트 컬러로 형광 노랑을 합치는 배색을 생각했습니다. 형광 노랑이 개성을 뽐내고 있지만, 전체를 보면 밝고 깔끔한 인상입니다.
샘플을 여럿 떠보았습니다. 왼쪽은 책의 스웨터와 똑같이 2 + 1색 조합입니다. 진남색과 블루그레이에 레몬색을 포인트 컬러로 더했습니다. 2 + 1색 조합은 비슷한 2색 또는 짙고 옅은 컬러에 도드라지는 1색을 더하는 것만으로 밸런스가 좋은 조합으로 완성되므로 추천합니다.
오른쪽은 브라운, 블루, 코럴의 다른 색감끼리 조합한 배색입니다. 2 + 1색 버전보다 단조로운 인상이지만, 차분한 느낌의 무늬가 만들어집니다. 이 작품에 사용한 브리티시 파인은 배색무늬용 실로 색상 수가 상당히 많답니다. 여러 가지 색을 고르는 즐거움도 함께 즐겨주세요.

실을 바꿀 때는 게이지와 함께 뜨개바탕의 디자인과 실 종류의 궁합도 신경 써야

털실은 크게 소모사와 방모사로 나눌 수 있습니다. 소모사는 긴 털(양의 어깨나 등의 털)을 빗어 섬유를 직선 형태로 잡아 늘인 후 꼬아서 실로 만든 것으로, 광택이 있고 매끈합니다. 방모사는 털이 짧은 섬유(양의 배 등)를 곱슬곱슬한 상태 그대로 느슨하게 꼰 실입니다. 보풀이 잘 일어서 폭신하고 보온성이 높지만, 소모사에 비해 까슬까슬합니다.

작품의 디자인과 용도, 실 종류는 밀접한 관계가 있습니다. 배색무늬뜨기는 실이 서로 얽혀야 무늬가 예뻐 보이므로 주로 방모사를 사용합니다.

방모사와 소모사의 차이점은 뭐니 뭐니 해도 까슬까슬한가 그렇지 않은가입니다. 짧게 자른 스포츠머리를 만지면 까슬까슬하지만, 머리카락이 긴 사람의 머리는 매끈하지요. 그와 똑같습니다. 까슬까슬한 느낌을 줄여서 가공한 방모사도 있지만, 부스스하게 보풀이 일어났다든가 광택이 없고 내추럴한 느낌이 난다면 대개 방모사라고 생각하면 됩니다. 아란 무늬 작품에는 무늬가 잘 뭉개지지 않는 방모사를 주로 사용합니다. 소모사는 표면에 기모가 적고 매끄러워서, 아란의 디자인에 따른 영향도 있겠지만 입고 있는 동안에 무늬가 세로 방향으로 늘어나기 쉽습니다. 하지만 가벼운 털실이나 무게감이 거의 없는 소품으로서 목둘레에 사용한다면 아란 무늬라도 소모사를 선택하기도 합니다. 소모사는 감촉이 부드럽고, 풍부한 광택이 매력입니다. 드레이프가 멋지게 나오므로 드레시한 디자인이나 폭신폭신한 느낌의 디자인에는 소모사가 적합합니다.

대체 실을 고를 때 '아란 무늬나 배색 무늬에는 부스스한 보풀이 있는 내추럴한 느낌의 실이 적합하고, 피부에 닿는 느낌을 좋게 하고 싶거나 드레이프 등 부드러운 느낌의 니트에는 광택이 있고 매끈한 털실이 좋다'는 것을 기억해두세요.

최근에는 '워셔블' 가공을 한 털실도 자주 볼 수 있습니다. 양말용 실도 대부분 '워셔블' 가공을 합니다. '워셔블' 가공이란 표면의 보풀을 제조 공정에서 제거해 세탁으로 인한 수축을 없앤 것입니다. 워셔블 가공을 한 털실은 까슬까슬하지 않습니다. 세탁기에 넣고(세탁망에 넣어주세요) 다른 옷과 함께 세탁할 수 있어 모자나 머플러처럼 더러워지기 쉬운 니트나 아동용 니트에 적합합니다. 손질하기 쉬운 실이지만 보풀을 제거했다는 말은 따뜻함도 조금 줄었다는 뜻이기도 합니다. 그래도 냉난방이 잘되는 도시에서 생활하는 바쁜 사람에게는 어떻게 보면 딱 맞는 실인지 모르겠습니다.

'워셔블' 가공을 한 실은 소모사로 생각해주세요. 다루기 쉽고 색도 풍부해서 최근에는 양말용 실로 스웨터를 뜨는 사람도 늘고 있습니다. 까슬거리지 않고 얇게 완성할 수 있어 겹쳐 입기 좋은 일상복으로 제격인 니트를 뜰 수 있답니다.

소모사를 사용한 작품

SMOCKING SOCKS (P.34):
Rowan Sock
(ROWAN)

DIAMOND CAP
(P.32): Big Wool
(ROWAN)

ARAN & BRIOCHE PULLOVER (P.8):
랑부예 메리노 울 (DARUMA)

방모사를 사용한 작품

SCALLOP YOKE (P.6):
체비엇 울
(DARUMA)

KEY NECK
SWEATER (P.18):
브리티시 파인
(퍼피)

TENSEN (P.14):
셰틀랜드 울
(DARUMA)

glasses: Lesca LUNETIER, pants: Caledoor, bag: GLENROYAL

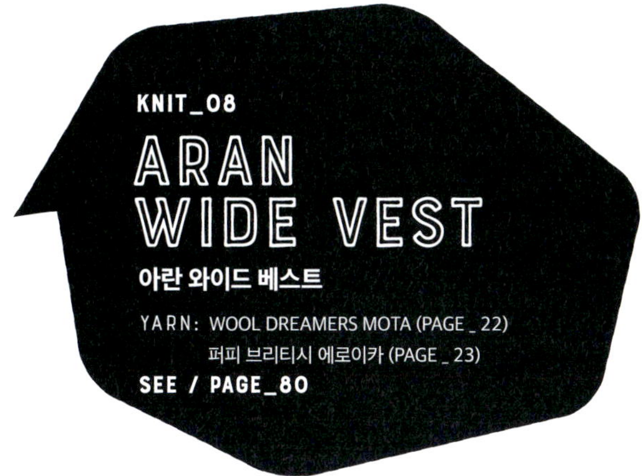

KNIT_08

ARAN WIDE VEST

아란 와이드 베스트

YARN: WOOL DREAMERS MOTA (PAGE _ 22)
퍼피 브리티시 에로이카 (PAGE _ 23)

SEE / PAGE_80

와이드 폭의 몸판에 진동이 깊게 파인 베스트입니다. 어떤 옷을 받쳐 입어도 잘 어울리니 터틀넥 니트나 셔츠, 큼직한 소매의 원피스 등 다양한 레이어드 코디를 즐겨주세요. 진동둘레의 가터뜨기는 이중으로 탄탄하게 떠서 언제나 예쁜 모양을 유지하도록 신경 썼답니다.

dress: nest Robe, bag: ORCIVAL

KNIT_09

BIG POCKET CARDIGAN

빅 포켓 카디건

YARN: WOOL DREAMERS
LA RINCONADA (PAGE _ 24)
퍼피 미니 스포트 (PAGE _ 25)

SEE / PAGE_86

파리지앵은 공원 노점에서 군밤을 사서 주머니에 넣어두고 손을 따뜻하게 데우면서 산책을 한다고 들었습니다. 그런 멋진 파리의 주인공이 된 기분으로 이 카디건을 디자인했습니다. 한쪽에만 주머니가 있는 이유를 묻는다면 그건 파트너와 손잡기 위한 핑계용입니다.

pants: UpcycleLino BASIC

DAVID HOCKNEY
LOUISIANA
PARK HOTEL MUN
Out [o] Fashion
GIRL

Z.

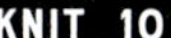

KNIT_10

MOHAIR& WOOL CARDIGAN

모헤어 & 울 카디건

YARN: DARUMA 울 모헤어
포클랜드 울

SEE / PAGE_90

MMMMM

모헤어와 울을 각각 고무뜨기와 메리야스뜨기로 다르게 떠서, 게이지 차이를 줄여 같은 바늘로 술술 뜰 수 있는 작품입니다. 여기저기 코디하기 좋은 카디건이니 다양한 실과 색상으로 많이 떠주세요. 질감이나 굵기가 다른 실로 인해 생기는 리드미컬한 디자인도, '아니 여기에 주머니가!' 하는 포인트도 마음에 든답니다.

glasses: Anne et Valentin, dress: nest Robe

KNIT_11

GUERNSEY SHAWL

건지 숄

YARN: LANGYARNS REGINA

SEE / PAGE_92

amuhibi에서 인기인 숄 패턴을 건지 무늬로 새롭게 디자인했습니다. 겉뜨기와 안뜨기만의 조합으로 만드는 건지 무늬는 겉이든 안이든 모두 사용할 수 있어 숄에 제격이지요. 아담하게 두르기 쉬운 사이즈이니 살짝 쌀쌀한 날 목에 휙 두르고 외출해 봐주세요.

jacket: Caledoor, skirt: O'NEIL OF DUBLIN

KNIT_12

STRIPED SOCKS

스트라이프 양말

YARN: ISAGER MERILIN

SEE / PAGE_96

2색 1코 고무뜨기 양말입니다. 겉뜨기와 안뜨기 색을 다르게 하여, 늘어남과 줄어듦에 따라서 색다른 느낌이 생겨난답니다. 작품에 사용한 ISAGER MERILIN은 울에 리넨을 더한 실로, 가볍고 부드러운 감촉이 매력적입니다. 한여름을 제외한 모든 계절에 쾌적하게 사용할 수 있죠. 리넨 덕분에 탄탄하게 떠지지만, 울보다는 덜 늘어나니까 너무 작아지지 않도록 반드시 게이지는 내주세요.

tops: nest Robe

KNIT_13

DIAMOND CAP

다이아몬드 캡

YARN: ROWAN BIG WOOL

SEE / PAGE_89

예전부터 인기를 얻었던 '빨리 떠지고 꽤 간단하지만, 왠지 공들인 것처럼 보여요' 시리즈 작품입니다. 나이도 성별도 관계없이 폭넓게 사용할 수 있는 디자인입니다. 실은 Rowan의 BIG WOOL로, 울 100% 극태사인데 M 사이즈라면 1볼로 뜰 수 있답니다. 다양한 색깔로 즐겁게 많이 떠주세요.

stole: Johnstons of Elgin

KNIT_14

SMOCKING SOCKS

스모킹 양말

YARN: ROWAN SOCK

SEE / PAGE_98

knit: ADAWAS, pants: UpcycleLino BASIC, shoes: JOSEPH CHEANEY, bag: Brady

이 스모킹 무늬는 간단하지만 완성하면 공들여 뜬 것처럼 보이고 굉장히 멋지게 완성되어서, 제가 좋아하는 무늬 중 하나입니다. 게다가 잘 늘어나서 언젠가 양말로 떠보고 싶다고 생각하고 있었지요. 특히 신었을 때 무늬가 예뻐 보이도록 고민했답니다. 발목의 고무뜨기 부분은 클래식하게 한 번 접어보세요. 바지를 즐겨 입는 사람이라면 그대로 신어도 OK입니다.

coat: BRITISH MADE

KNIT_15

4COLORS GLOVES

4컬러 글러브

YARN: LANGYARNS REGINA

SEE / PAGE_100

4색 실로 뜬 줄무늬 장갑입니다. 이번에는 좌우 모두 손가락 색을 맞췄지만 좋아하는 배색이나 다른 색으로 떠도 예쁘니 꼭 도전해보세요. 작품에 사용한 LANG REGINA는 '건지 숄'에서도 사용한 제품이니, 남은 실로 숄을 떠도 좋겠지요. 숄을 만든다면 원하는 곳에 줄무늬를 넣어서 다양하게 응용해보세요.

POINT PROCESS-1

독일식 코잡기(German twisted cast on)

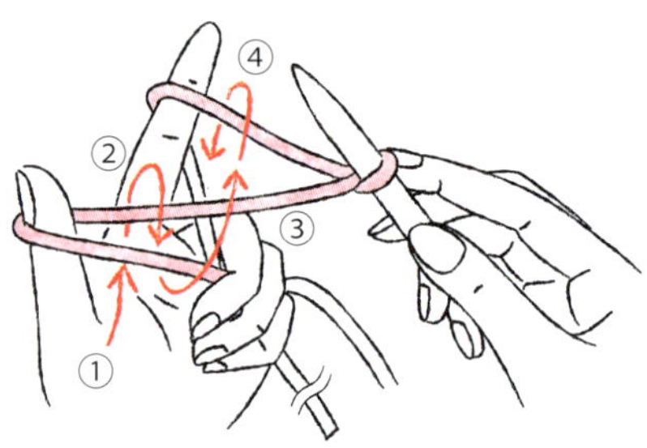

신축성 있는 기초코입니다. 톱다운의 목둘레나 밑단의 기초코에 사용하면 착용감이 좋습니다.

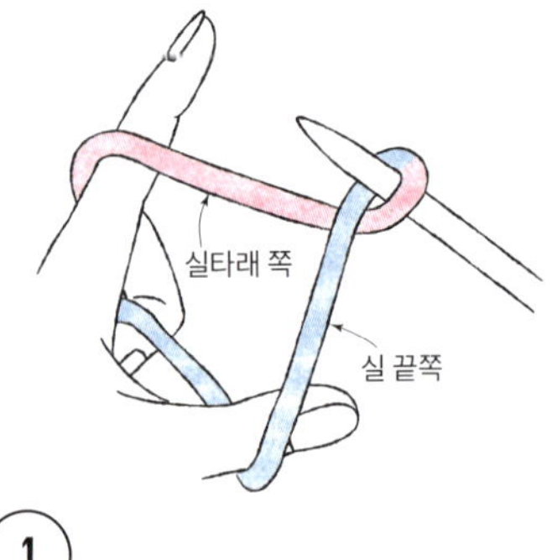

① 만들고 싶은 폭의 4.5배 길이만큼 실 끝을 남겨서 엄지와 검지에 실을 걸고, 바늘 1개에 실을 감아 1번째 코를 만듭니다.

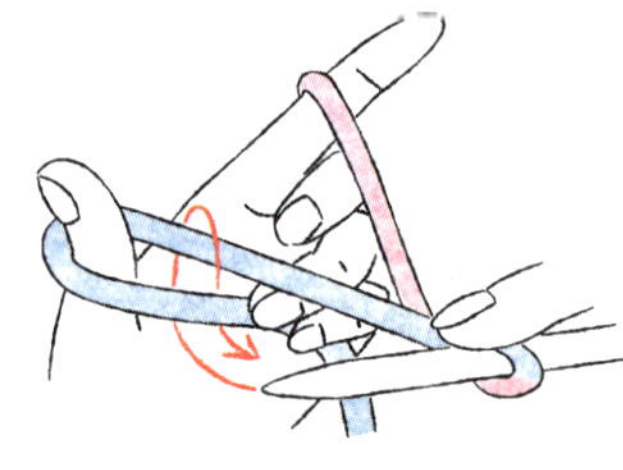

② 엄지에 걸려 있는 실 아래로 바늘을 통과시켜 뒤쪽 실을 바늘에 걸고, 엄지에 걸린 고리 안으로 넣습니다.

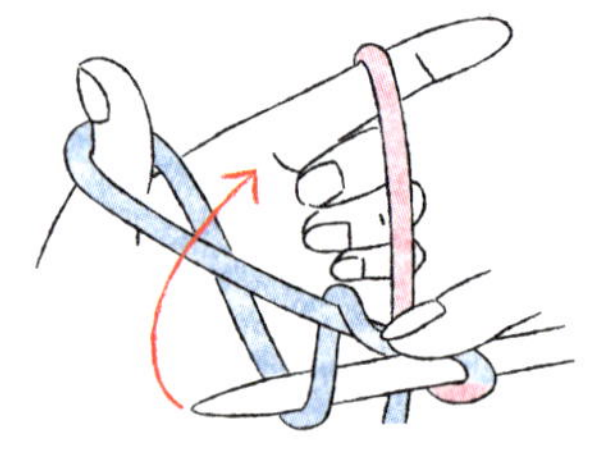

③ 화살표와 같이 바늘을 움직이고,

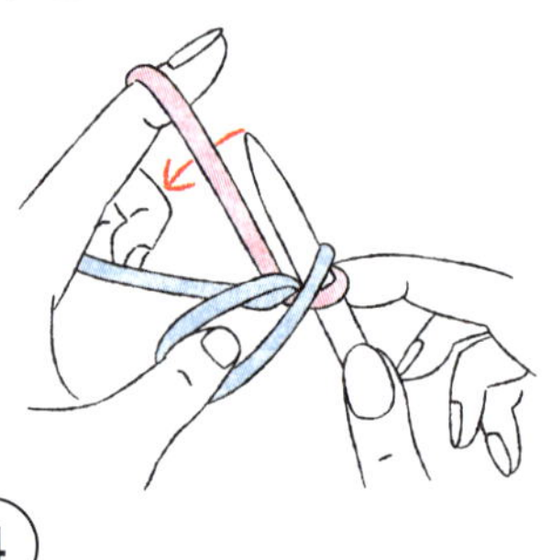

④ 엄지를 구부려 꼬임을 풉니다. 검지에 걸려 있는 실을 바늘로 걸어,

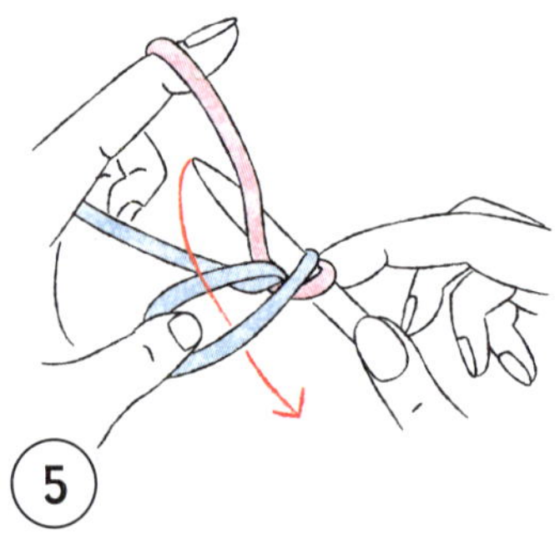

⑤ 엄지의 고리 안으로 통과시킵니다.

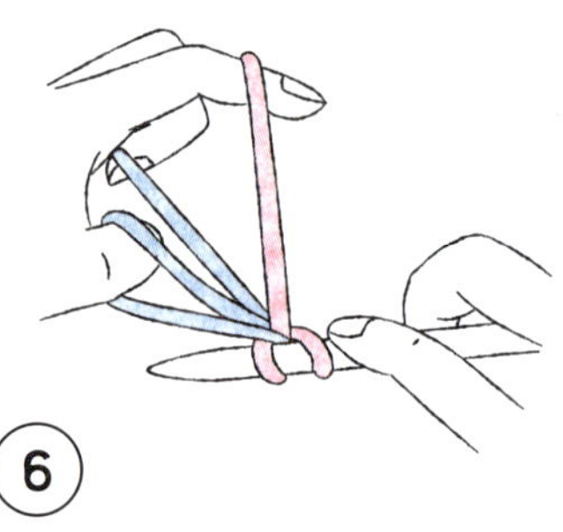

⑥ 바늘을 아래쪽으로 당기고

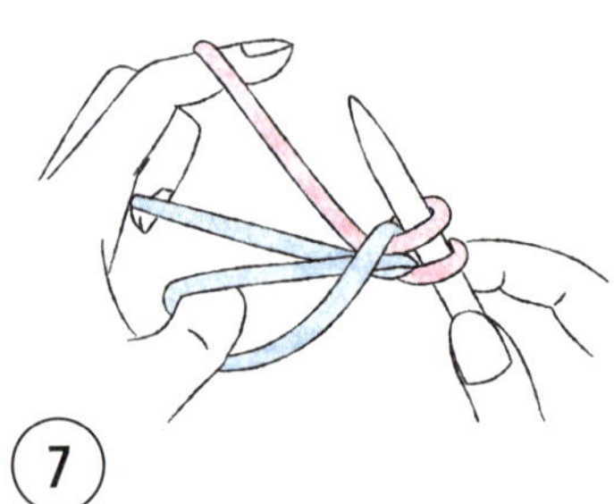

⑦ 엄지를 뺍니다.

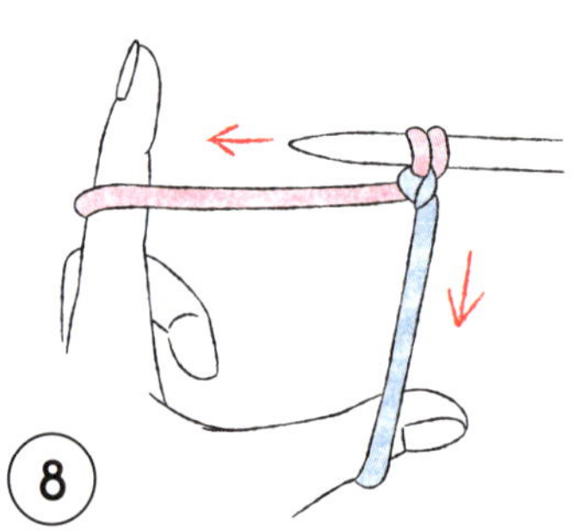

⑧ 실을 당겨 조이면 2번째 코가 만들어집니다.

⑨ 이 과정을 반복해 필요한 콧수만큼 만듭니다.

POINT PROCESS-2

주디스 매직 코잡기(Judy's magic cast on)

동영상 참조
(일본어 영상)

양말을 발끝부터 뜰 때 사용하는 매직 루프(→P.75)로 뜨기 위한 기초코입니다. 메리야스뜨기로 뜬 것처럼 이은 흔적이 없는 기초코라서 신었을 때 편하고 발끝 모양이 예쁩니다.

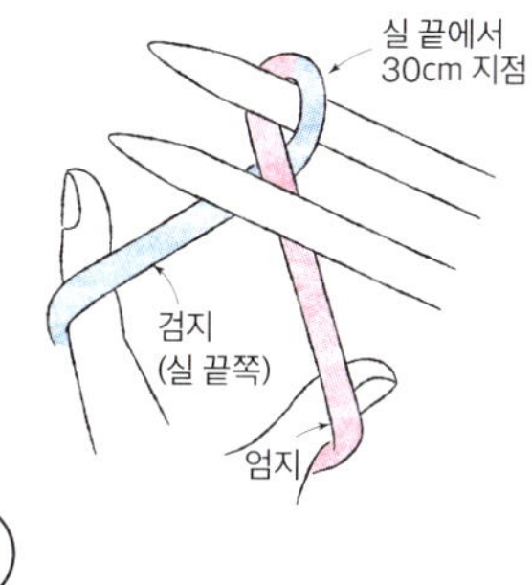

① 줄바늘 2개를 나란히 모아서 잡고, 실 끝에서 약 30cm 지점을 위쪽 바늘에 실 끝이 앞쪽으로 오게 걸어 교차시킨 다음 엄지와 검지에 겁니다.

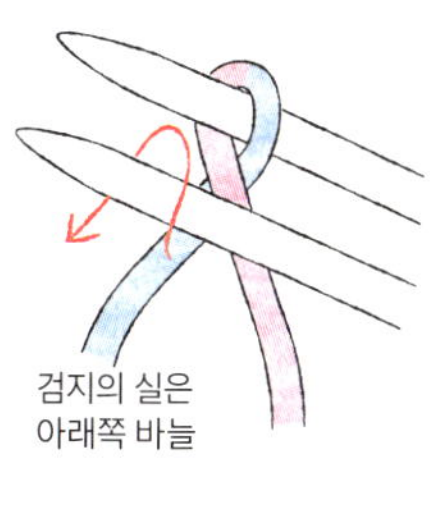

② 검지의 실을 아래쪽 바늘에 앞에서 뒤로 겁니다.

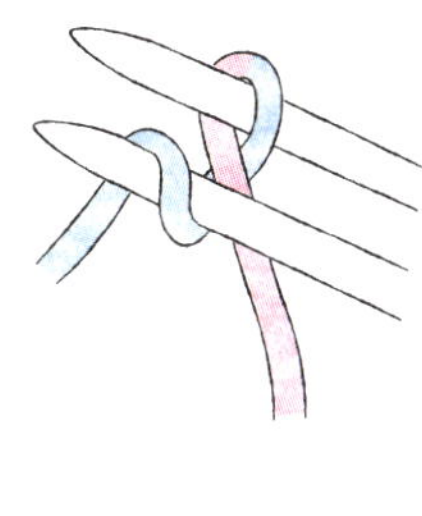

③ 위쪽 바늘에 1코, 아래쪽 바늘에 1코, 이렇게 1쌍이 됩니다.

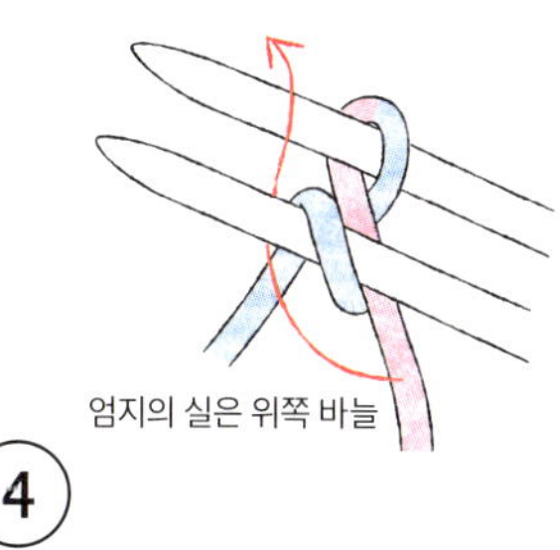

④ 엄지의 실을 위쪽 바늘에 앞에서 뒤로 겁니다.

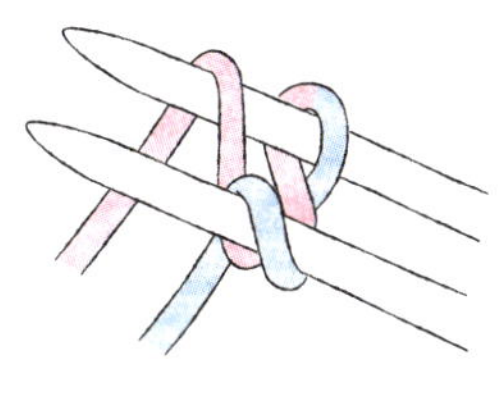

⑤ 위쪽 바늘에 2번째 코가 만들어졌습니다. 아래쪽 바늘에도 ②와 같은 방법으로 실을 겁니다.

⑥ ②~⑤를 반복해 필요한 콧수만큼 만듭니다.

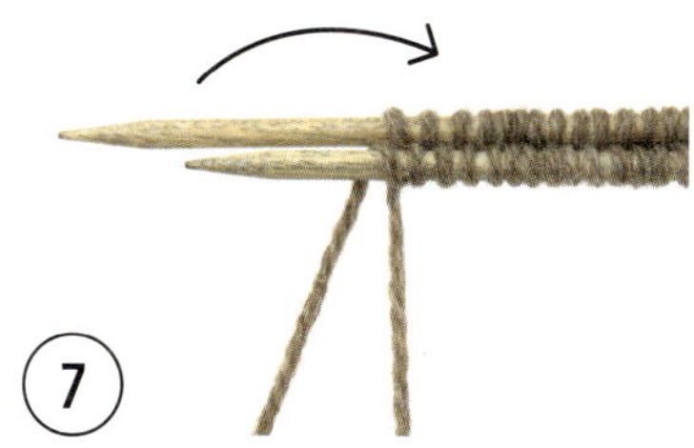

⑦ 위쪽 바늘과 아래쪽 바늘에 필요한 콧수를 만들었습니다. 바늘 끝을 앞뒤가 뒤바뀌지 않게 주의하며 오른쪽으로 돌립니다.

⑧ 아래쪽 바늘을 오른쪽으로 빼서 코를 코드 쪽으로 이동시킵니다.

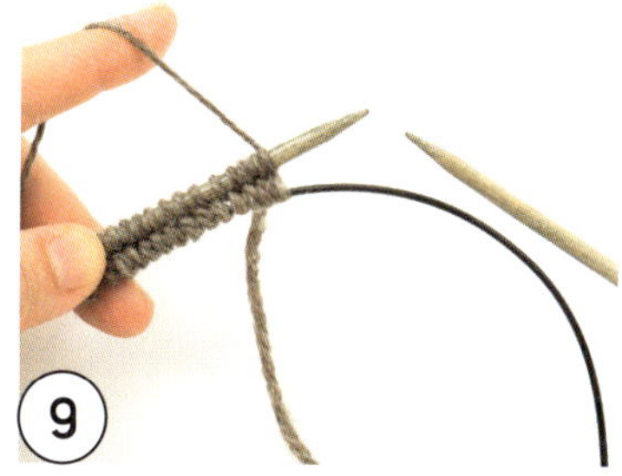

⑨ 잡아당겨 뺀 바늘로 반원(위쪽 바늘의 코)을 뜹니다. 다 떴으면 ⑦과 마찬가지로 바늘 끝을 오른쪽으로 돌리고 ⑧과 같이 바늘을 빼서 나머지 반원을 뜹니다. 바늘을 바꾼 첫 코는 헐거워지기 쉬우므로 바짝 조여서 떠야 예쁩니다.

POINT PROCESS-3

걸기코로 하는 덮어씌워 코막음

신축성이 있는 코막음으로 늘어나는 데 막힘이 없어 입고 벗기가 수월합니다.

먼저 걸기코를 하고, 다음 코를 앞단과 똑같이 뜹니다.

걸기코를 하고 겉뜨기를 1코 뜬 모습입니다.

걸기코에 왼바늘을 넣어 겉뜨기 코에 씌웁니다.

걸기코를 덮어씌웠습니다.

이어서 일반적인 덮어씌우기를 합니다. 오른코에 왼바늘을 넣어 덮어씌웁니다.

걸기코로 하는 덮어씌워 코막음을 완성했습니다.

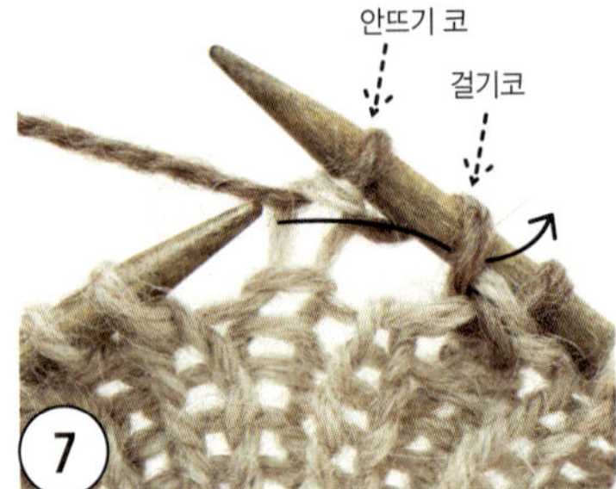

앞단 코가 안뜨기인 부분은 걸기코, 안뜨기 코를 떠서 ③과 같은 방법으로 덮어씌웁니다.

걸기코로 하는 덮어씌워 코막음 2코를 완성했습니다.

①~⑧을 반복해 신축성 있는 걸기코로 하는 덮어씌워 코막음을 완성했습니다.

POINT PROCESS-4

돗바늘로 하는 코막음

동영상 참조
(일본어 영상)

돗바늘을 사용해 코막음하는 방법으로, 덮어씌워 하는 코막음보다 훨씬 더 신축성이 좋고 예쁘게 마무리할 수 있습니다.

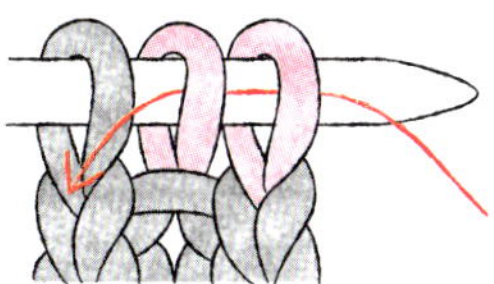

뜨개바탕의 3배 길이를 남겨 실을 자르고 돗바늘에 끼운 다음 2코에 돗바늘을 넣습니다.

2코의 앞쪽으로 돗바늘을 넣습니다.

실을 당깁니다.

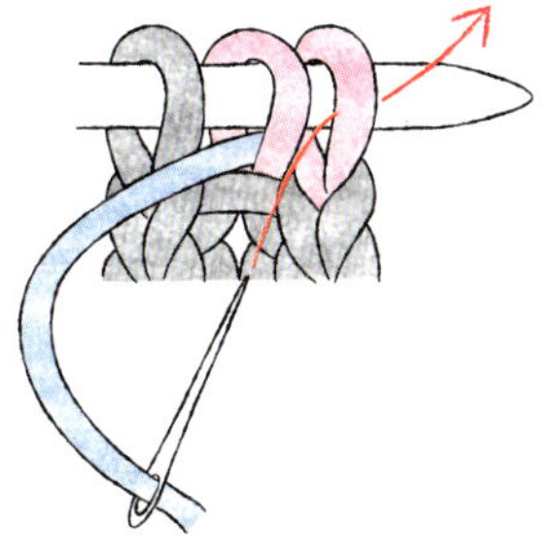

오른쪽 1코의 앞쪽에서 뒤쪽으로 돗바늘을 넣습니다.

앞쪽에서 뒤쪽으로 돗바늘을 넣습니다. 2번째 코에 돗바늘의 실이 겹칩니다. 이때 실을 살짝 당겨서 조입니다.

왼바늘에서 1번째 코만 뺍니다.

①~④를 반복해 코막음을 합니다.

신축성이 있는 돗바늘로 하는 코막음을 완성했습니다. 끝으로 실을 1번째 코에 통과시킨 다음 실 정리를 합니다.

POINT PROCESS-5

미니 헤링본

손뜨개로 만드는 헤링본 무늬는 직물에 비해 일반적이지 않지만 섬세하고 아름답습니다. 얼핏 보면 어려워 보이지만 설명을 따라 일단 떠보세요. '아하' 하는 동시에 뜨개질도 재밌어질 거예요.

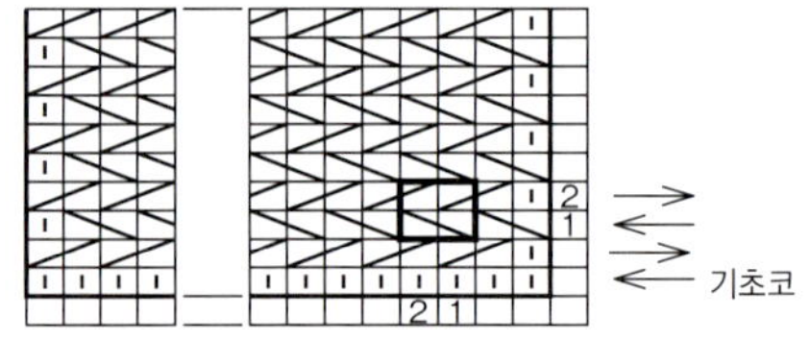

1 안면에서 뜨는 단입니다. 화살표와 같이 끝의 2코에 바늘을 넣습니다.

2 실을 걸고 뺍니다.

3 왼바늘의 코는 그대로 두고, 화살표와 같이 오른코에 바늘을 넣습니다.

4 실을 걸고 뺍니다.

5 오른바늘에 2코를 떴습니다. 왼바늘의 2코를 바늘에서 뺍니다.

6 왼바늘에서 빼면 1무늬가 완성됩니다.

7 ①~⑥을 반복해서 뜹니다. 4무늬 8코를 뜬 모습입니다.

8 겉면에서 뜨는 단입니다. 화살표와 같이 1번째 코에 바늘을 넣고,

9 그대로 뺍니다(걸러뜨기).

다음 코를 겉뜨기로 뜹니다.

실을 앞쪽에서 뒤쪽으로 걸고(걸기코) 1번째 코에 왼바늘을 넣어 화살표와 같이 덮어씌웁니다.

덮어씌운 모습입니다. 1무늬를 떴습니다.

⑧~⑫를 반복해 뜹니다. 4무늬 8코를 뜬 모습입니다.

겉면에서 본 모습입니다.

안면에서 본 모습입니다.

미니 헤링본의 원형 요크가 튜닉 위에 겹친 듯 보이게 코를 주웠습니다.

POINT PROCESS-6

랩 & 턴(Wrap & turn)

뜨개바탕에 사선을 만드는 되돌아뜨기를 간단히 뜨는 방법입니다. 뜨개코에 실을 걸어 랩 하고, 뜨개바탕을 뒤집어서(턴) 되돌아 뜹니다. '단 정리'를 하면 뜨개코에 단차가 없어져 예쁘게 완성할 수 있습니다.

오른쪽

→(단 정리하기)
◎

□=[I]
코에 랩 하기

오른쪽

안면에서 뜨는 단(◎)입니다. 남기는 코의 직전까지 떴으면 실을 앞으로 빼고, 화살표와 같이 다음 코에 오른바늘을 넣어서

뜨지 않고 오른바늘로 옮긴 다음 실을 뒤쪽에 둡니다.

겉면으로 돌리고, 이동한 코에 화살표와 같이 오른바늘을 넣어 되돌립니다.

오른쪽 ▒ 코를 랩 했습니다.

다음 코부터는 겉뜨기를 합니다.

안면에서 뜨는 단에서 단 정리를 합니다. 랩 한 코의 직전까지 떴습니다.

랩 한 실에 오른바늘을 넣어 왼바늘에 겁니다.

화살표와 같이 바늘을 넣고 안뜨기를 합니다.

단 정리를 했습니다.

왼쪽

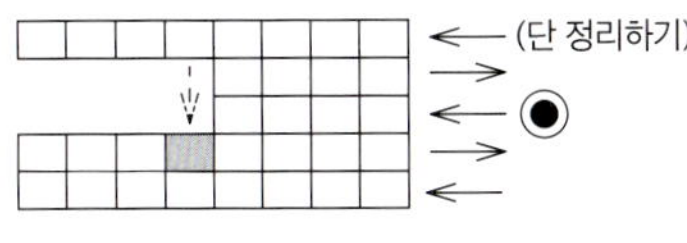

□＝□

▒ 코에 랩 하기

걸면에서 뜨는 단(⦿)입니다. 남기는 코의 직전까지 떴으면 화살표와 같이 오른바늘을 넣어서

뜨지 않고 오른바늘로 옮깁니다.

안면으로 돌리고, 뜨던 실을 뒤쪽에 둬 화살표와 같이 오른바늘로 되돌립니다.

왼쪽 ▒ 코를 랩 했습니다.

다음 코는 실을 앞쪽으로 빼서 안뜨기를 합니다

겉면에서 뜨는 단에서 단 정리를 합니다. 랩 한 코의 직전까지 떴습니다. 화살표와 같이 바늘을 넣고,

랩 한 실과 함께 겉뜨기를 합니다.

단 정리를 했습니다.

동영상 참조
(일본어 영상)

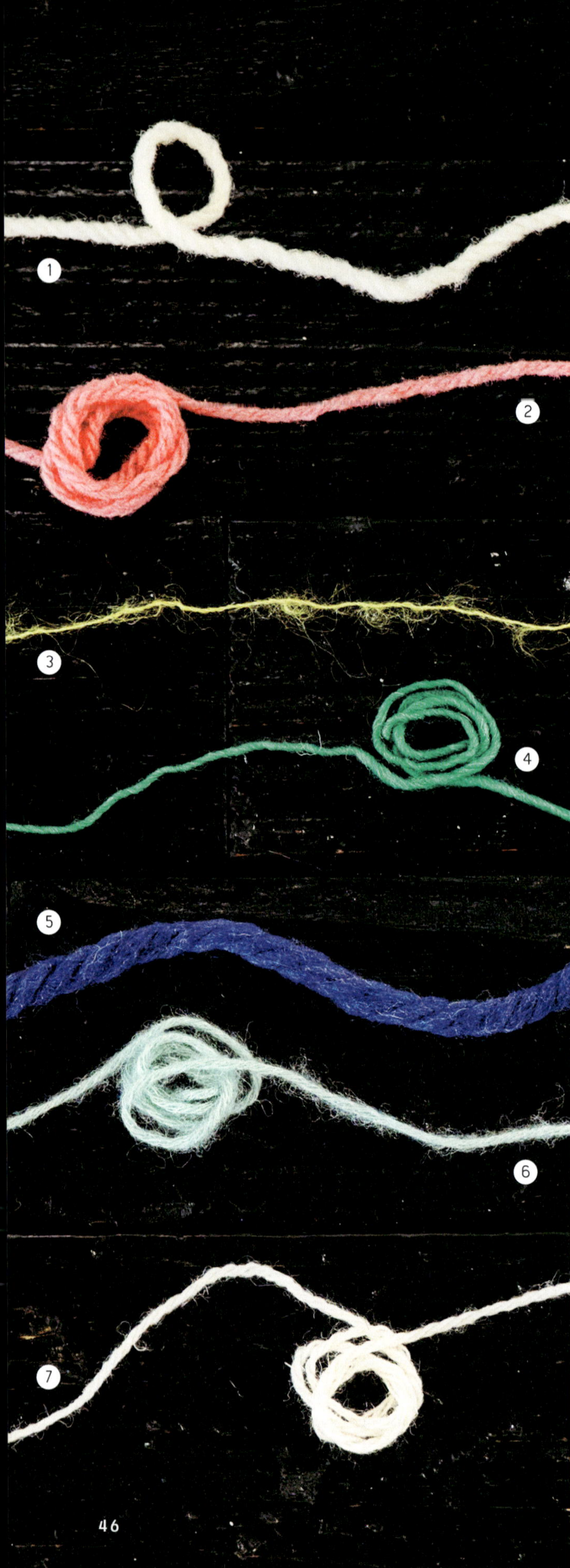

ABOUT YARNS

이 책에서 사용한 실
(실물 크기입니다)

WOOL DREAMERS [울 드리머스]

① **MOTA (모타)**
메리노 엔트레피노 & 만체고 울 100%
100g 볼, 약 230m, 병태, 전 22색

② **La Rinconada (린코나다)**
울(오가닉 스페인 메리노) 100%
100g 볼, 약 230m, 병태, 전 14색

ROWAN [로완]

③ **Kidsilk Haze (키드 실크 헤이즈)**
모헤어 70%, 실크 30%
25g 볼, 약 210m, 극세, 전 81색

④ **Rowan Sock (로완 삭)**
울 75%, 나일론 25%
100g 볼, 약 400m, 합태, 전 12색

⑤ **Big Wool (빅 울)**
울 100%
100g 볼, 약 80m, 극태, 전 33색

LANGYARNS [랑]

⑥ **REGINA (레지나)**
코튼 50%, 베이비 알파카 24%, 실크 20%, 울 6%
50g 볼, 175m, 합태, 전 18색

ISAGER [이사거]

⑦ **MERILIN (메릴린)**
울 80%, 리넨 20%
50g 볼, 약 208m, 합태, 전 26색

DARUMA (다루마)

8 울 모헤어
모헤어(키드 모헤어 36%·수퍼 키드 모헤어 20%) 56%,
울(메리노) 44%, 20g 볼, 약 46m, 극태, 전 14색

9 셰틀랜드 울
셰틀랜드 울 100%
50g 볼, 약 136m, 합태, 전 15색

10 체비엇 울
체비엇 울 100%
50g 볼, 약 92m, 병태, 전 10색

11 포클랜드 울
포클랜드 울 80%, 베이비 알파카 20%
50g 볼, 약 85m, 극태, 전 5색

12 랑부예 메리노 울
랑부예 메리노 울 100%
50g 볼, 약 145m, 합태, 전 12색

퍼피

13 브리티시 에로이카
울(영국 양모 50% 이상) 100%
50g 볼, 약 83m, 극태, 전 35색

14 브리티시 파인
울 100%
25g 볼, 약 116m, 중세, 전 40색

15 미니 스포트
울 100%
50g 볼, 약 72m, 극태, 전 28색

하마나카

16 소노모노 '합태'
울 100%
40g 볼, 약 120m, 합태, 전 5색

17 소노모노 헤어리
알파카 75%, 울 25%
25g 볼, 약 125m, 병태, 전 6색

※ 2023년 10월 30일 현재 기준입니다.
실은 예고 없이 단종될 수 있으니 양해 바랍니다.

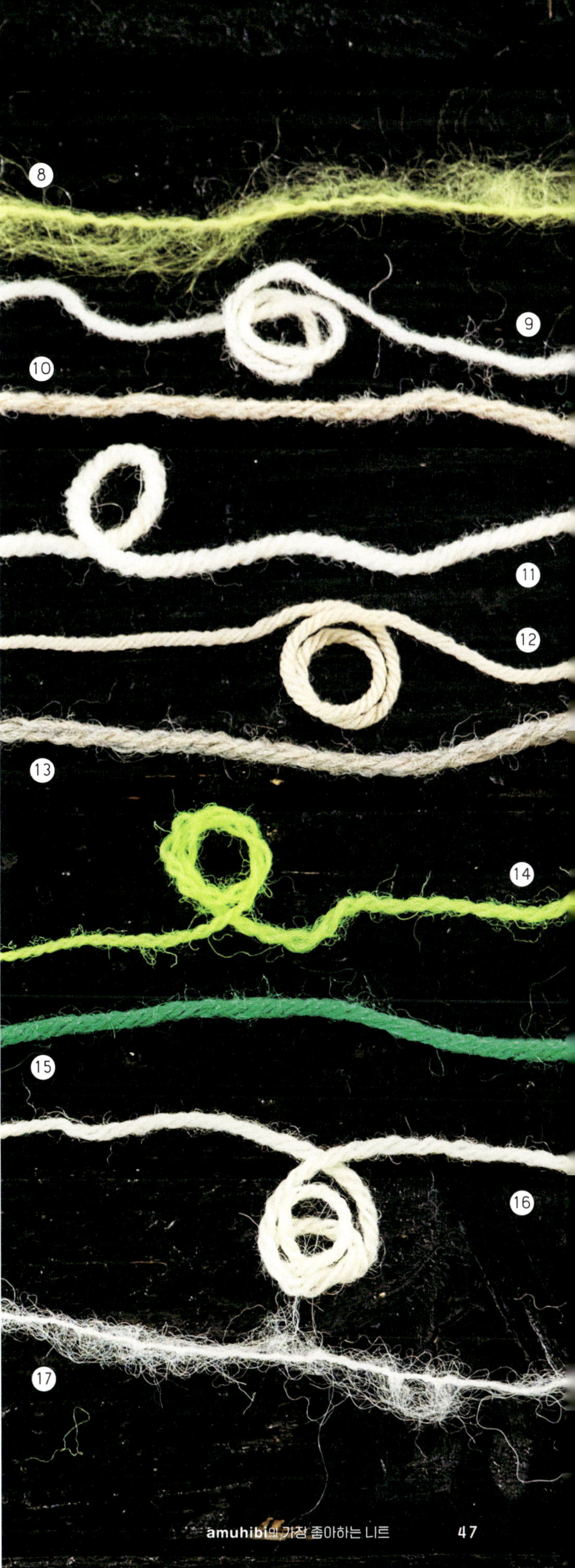

amuhibi NOTE_02

애써 뜬 니트, 가장 좋아하는 작품으로 만들기 대작전 2

틀렸다! 어떻게 하지?

뜨개질하다 보면 실수는 하게 마련입니다. 줄곧 같은 동작을 반복하다가 어쩌다 한 번 조금 다른 동작을 한다든가, 작은 뜨개코의 숫자를 계속 세어야 한다든가… 뜨는 과정에서 틀리기 쉬운 함정이 몇 가지나 있는 것이 손뜨개입니다. 그러니 실수를 하더라도 시무룩해지지 않기로 해요.
실수를 발견했을 때는 어떻게 해야 할까요? 여기서는 '못 본 척하기' 외의 대처법을 소개해보겠습니다.
딱 1코, '코가 부족하면' 코를 빠뜨리지 않았는지 꼭 찾아봐 주세요. 찾은 코가 한참 전에 있고 도저히 그곳까지 풀고 싶지 않을 때나 되돌리기 힘들 때는 빠뜨린 코가 풀리지 않도록 같은 실로 묶어서 정리해둡니다. 부족한 1코는 아무 일 없었다는 듯이 적당한 곳에서 늘리면 됩니다.
1코나 2코라면 이런 식으로 어물쩍 넘어가도 괜찮습니다. 하지만 그 니트를 입고 있는 동안 '밑단의 틀린 곳을 알아채지 않았으면 좋겠다'라고 신경이 쓰이는 꼼꼼한 성격이라면 깔끔하게 다시 뜨기를 추천합니다.
비록 '아~ 덕분에 다시 한 번 더 뜰 수 있어서 좋네~'라고 생각하지는 않더라도 소리 내서 말해보세요. 기분이 한결 나아질 테니까요.

같은 단에서 한 실수

왼바늘을 뜨는 방향과 반대로 움직여서 실수한 코까지 되돌아갑니다. 오른바늘에 걸려 있는 코의 1단 아래 코 안으로 왼바늘을 앞쪽에서 뒤쪽으로 넣고, 코를 풀면서 1코씩 되돌아갑니다. 바늘에서 코를 빼면 코가 풀릴 것 같아서 무서우면 이 방법으로 1코 1코 되돌아가는 것을 추천합니다.

여러 단 아래에 있는 실수

실수한 코 바로 위의 코까지 뜨고(또는 되돌아간다), 그 코만 실수한 곳까지 전부 풉니다. 실수한 코를 풀었으면 코바늘로 원래 뜨던 곳까지 뜹니다. 단, 아란 무늬처럼 복잡한 무늬뜨기나 배색무늬는 이 방법을 추천하지 않습니다. 이 방법은 메리야스뜨기나 간단한 무늬뜨기에 한합니다.

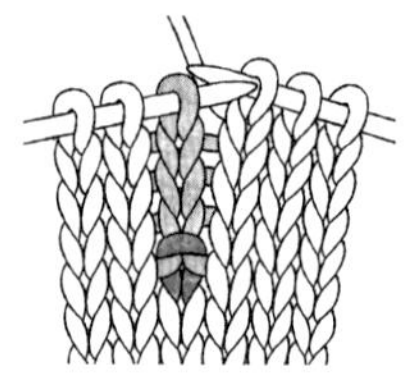

① 겉뜨기로 떠야 하는 곳을 안뜨기로 뜨고 말았습니다.

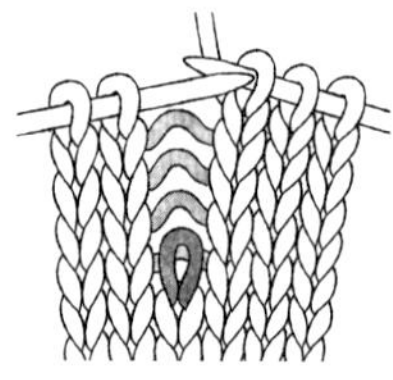

② 틀린 단까지 코를 풉니다.

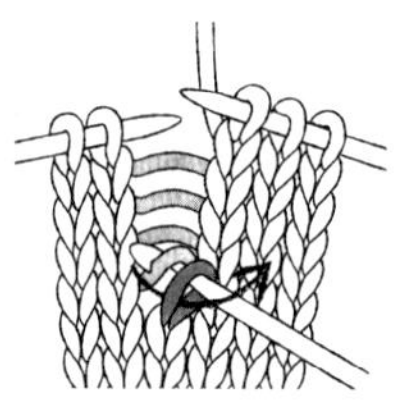

③ 푼 코를 코바늘로 주워서 코와 코 사이에 걸린 실을 1올씩 코바늘에 걸고 빼서 뜹니다.

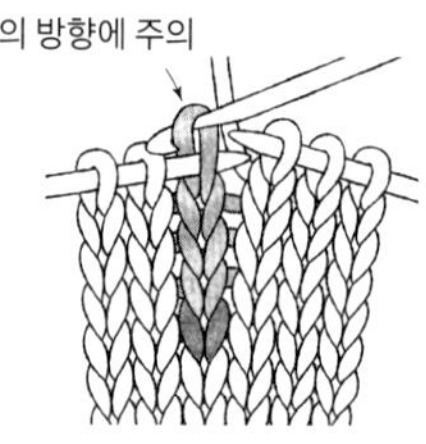

④ 마지막 코를 코바늘에서 왼바늘로 옮깁니다.

돌려뜨기 늘림코를 편하게 뜨려면

이 책에는 돌려뜨기 늘림코가 많이 등장합니다. 돌려뜨기 늘림코는 늘린 부분이 별로 눈에 띄지 않고 깔끔해 해외에서도 자주 사용하는 코 늘리기입니다. 돌려뜨기는 왼바늘의 코 뒤쪽 실을 바늘에 걸어서 뜨는데, 부드러운 알파카 실로 뜰 때나 아직 뜨개가 익숙지 않은 초심자 등 바늘의 뒤쪽 실을 걸기가 어려우면 이 방법을 해보세요.

❶ 돌려뜨기 늘림코 위치에서 코와 코 사이의 실을 뒤쪽에서 오른바늘로 뜹니다.
❷ 왼바늘을 오른바늘로 떠 올린 실의 앞쪽으로 찔러 넣습니다.
❸ 이렇게 하면 오른바늘이 왼바늘의 뒤쪽 실을 떠 올린 것과 같은 상태가 됩니다.
❹ 그대로 오른바늘로 겉뜨기를 뜹니다.

역발상으로 손뜨개가 쉬워지니 해보세요.

단추 달기

단추 달기가 필요한 니트는 3가지입니다.

● BIG POCKET CARDIGAN (P.24)

● HERRINGBONE TUNIC (P.12)

● MOHAIR & WOOL CARDIGAN (P.26)

니트의 단추 달기는 직물과는 조금 다른 요령이 필요합니다. 이 방법은 amuhibi 교실에서 쓰고 있는데 참고가 됐으면 좋겠습니다.

❶ 단추를 달 위치에 마커로 표시합니다.

❷ 뜨개바탕과 같은 털실을 사용합니다. 굵은 실은 털실의 꼬임을 풀어서 가는 실을 뽑아 준비(실 가르기)합니다. 단춧구멍에 들어가는 굵기의 바늘에 실을 끼우고 매듭을 짓습니다.

❸ 단추 뒤쪽에서 단춧구멍에 실을 넣은 다음 다시 한번 앞쪽에서 실을 넣어 통과시킵니다. 단춧구멍이 4개면 대각선 위의 구멍에 넣습니다.

❹ 단추를 뒤집어서 매듭을 지어 생긴 고리 안으로 바늘을 넣습니다. 그대로 당겨서 실 끝에 단추를 고정합니다.

❺ ❶에서 마커를 걸어둔 위치의 뜨개바탕 앞쪽에, 코를 뜨는 것처럼 바늘을 통과시켜 단추 위치를 결정합니다. 뜨개바탕 두께를 생각해 실기둥 길이를 정하고, 튼튼하게 바느질해서 고정합니다.

❻ 실기둥에 실을 촘촘히 감습니다. 감은 후 풀리지 않도록 실기둥 속으로 바늘을 통과시켜 뜨개바탕 안면으로 바늘을 빼 매듭을 지어 실 정리를 합니다.

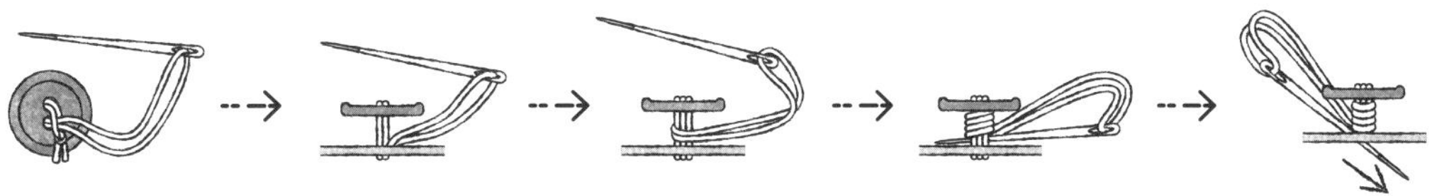

실 가르기

실 1올의 꼬임을 풀어서 가르는 것을 '실 가르기'라고 하는데, 단추 달기나 소매 달기 등에 이용합니다. 잘 끊어지는 실이나 장식이 많은 실 등 실 가르기에 적합하지 않은 실은 색깔이 비슷한 가는 실로 대체해주세요.

① 30~40cm로 실을 자르고, 중심 근처에서 실의 꼬임과 반대 방향으로 돌려 꼬임을 풉니다.

② 실이 갈라지기 시작합니다.

③ 중심부터 벌려서 실을 나눕니다.

④ 나뉜 실을 꼬아서 정돈합니다. 스팀을 쐬어주면 꼬임이 안정됩니다.

주머니 달기

BIG POCKET CARDIGAN (P.24) 주머니는 '돗바늘로 잇기'로 본체에 답니다. 나중에 다는 주머니는 가장 좋은 위치에 달 수 있어 좋습니다. 이 작품은 오른쪽에 달았지만, 왼쪽이 편하면 그쪽에 달아도 좋고, 양쪽에 달아도 좋습니다. 커다란 주머니를 2개, 가슴에 작은 주머니를 1개 추가해도 귀여울 것 같아요. 응용할 수 있다는 점이 마무리에 다는 주머니의 장점입니다. 나만의 스타일을 찾아서 즐겨보세요.

❶ 주머니와 몸판에 스팀 다림질을 한다

우선은 주머니와 몸판에 각각 스팀을 주어 모양을 정돈합니다. 특히 주머니는 사이즈를 재면서 모양을 잡아가며 스팀 다림질을 합니다.

❷ 주머니를 임시 고정한다

달고 싶은 위치를 정했으면 코튼이나 리넨 실로 달고 싶은 곳에 돗바늘로 임시 고정합니다. 이때 단과 코를 따라서 고정합니다.

❸ '돗바늘로 잇기'로 꿰맨다

작품에 사용한 실을 30~40cm로 잘라 돗바늘에 끼웁니다. 주머니의 코와 코 사이 실과 몸판의 코와 코 사이 실을 번갈아 돗바늘로 떠서 꿰맵니다. 실 정리를 할 때는 주머니 입구 부분이 풀어지지 않게 튼튼히 마무리해주세요.

배색무늬뜨기에서 걸치는 실의 장력을 조절하려면

배색무늬를 뜰 때는 걸치는 실의 장력 조절이 가장 어렵습니다. 배색무늬의 완성도에도 영향을 미치니 여러 번 떠서 손의 감각으로 요령을 익히는 수밖에 없지만, 이 방법을 참고하면 처음 배색무늬에 도전하는 사람도 비교적 쉽게 실패하지 않고 뜰 수 있을 거예요.

배색할 실을 3코 걸치고 4번째 코에 배색한다고 가정하겠습니다. 먼저 3코 분의 실, 진행 방향을 따라 걸치는 실의 필요한 길이만큼을 뺍니다. 그대로 오른손으로 뜨개바탕과 함께 걸치는 실을 손가락으로 잡아 고정하고, 4번째 코를 뜹니다. 그냥 걸친 채로 4번째 코를 뜨면 감을 잡기 전까지는 걸치는 실이 당겨지거나 너무 느슨해지기도 하니 딱 좋은 적당한 길이를 손가락으로 고정하고, 다음 코를 뜨면 알맞은 길이를 걸칠 수 있습니다. 익숙해지면 '이 정도 길이면 괜찮다'라는 것을 알 수 있으니 손으로 누르지 않아도 적당한 장력으로 뜰 수 있습니다.

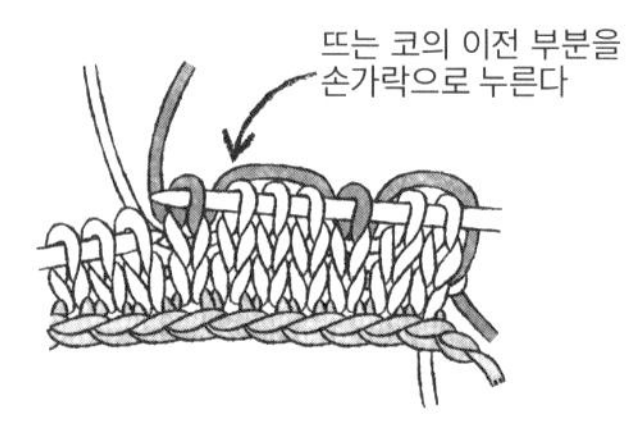

아란 무늬를 통통하고 볼륨감 있게 뜨는 요령은

이 책에서는 아란 무늬 니트 4작품을 만날 수 있습니다. 아란의 아름다움은 뭐니 뭐니 해도 입체감에 있습니다.

시중에 판매하는 기계뜨기 교차무늬와 다르게 손뜨개의 아란 무늬는 실이 풍성하게 부풀어 매우 아름답습니다. 똑같이 뜨더라도 뜨는 방식이나 도구에 따라 무늬의 모양새에 차이가 나죠. 애써서 뜨는 것이니 한층 풍성하고 입체감이 살아나는, 아란 무늬 뜨는 요령을 배워볼까요?

뜨개바늘로만 떠야 아름다움이 빛나는 아란 무늬

꽈배기바늘(교차뜨기용 바늘)은 편리한 도구지만 교차시키는 콧수가 3코 이상이면 코 위치를 바꾸는 거리가 멀수록 부하가 걸려 무늬가 단단해지기도 합니다. 뜨개바늘 위에서 코 위치를 바꾸고 나서 뜨면 더욱 폭신하게 완성할 수 있으니 뜨개바늘로 한번 떠보세요.

❶ 이제부터 뜨는 무늬의 교차시키는 코를 전부 오른바늘로 옮깁니다. 3코, 3코의 교차인 경우 교차시키는 코가 총 6코이므로 6코를 일단 오른바늘로 옮깁니다.
❷ 오른코 위 3코 교차뜨기는 처음 3코가 다음 3코 위로 올라가므로 처음 3코의 앞쪽으로 왼바늘을 찔러 넣습니다. 처음 3코에는 오른쪽과 왼쪽의 바늘이 모두 끼워진 상태입니다.
❸ 이어서 오른바늘을 6코에서 빼고, 다시 4~6번째 코만 오른바늘로 되돌린 다음 왼바늘로 옮깁니다. 이것으로 코를 교차시켰습니다.
❹ 교차시킨 6코를 뜹니다.

꽈배기바늘로 뜬다면 이런 점에 주의

뜨개바늘로만 교차무늬를 뜰 때는 바늘에서 잠시 코를 빼야 하니 조금은 익숙해질 필요가 있습니다.

꽈배기바늘이어야 안심이 되는 사람은 사용해도 괜찮습니다. 그런 경우는 꽈배기바늘에 남겨둔 코를 그대로 뜨는 것이 아니라 뜨개바늘로 옮겨서 떠보세요. 뜨개코에 부하를 주지 않고 뜰 수 있어 무늬의 볼륨을 제대로 살릴 수 있습니다.

단, 코를 옮기거나 되돌릴 때는 코의 방향과 순서가 바뀌거나 풀리지 않도록 손가락으로 눌러주세요.

ABOUT

CHECK SHEET

체크 시트

뜨개도안과 서술형 패턴의 차이점

뜨개도안이란 뜨는 과정을 '그림'으로 나타낸 것으로, 일본의 손뜨개 디자인은 대부분 뜨는 법을 뜨개도안으로 표현합니다. 일본에서 친숙한 뜨개도안은 해외에서 거의 쓰지 않으며 '서술형'으로 뜨는 법을 써놓은 것(서술형 패턴)이 주류입니다.

저도 아주 오래전부터 서술형 패턴을 써보았는데요, 크리스마스 장식용 양말의 무료 패턴을 인터넷에서 찾아 뜬 것이 처음이었습니다. 확신은 없었지만 쓰인 대로 뜨다 보니 어느새인가 손 위에 작은 발끝 부분이 떠져 있어서 두근두근했던 기억으로 남아 있습니다. 서술형 패턴은 그런 재미가 있습니다.

서술형 패턴은 그 단에서 해야 할 것이 순서대로 쓰여 있고, 늘림코나 줄임코도 적혀 있는 대로 뜨기만 하면 되므로 뜨개도안에 비해 예비 지식이 없어도 뜨개질이 쉽습니다.

단지 지금 어디를 뜨고 있는지, 왜 이 뜨는 법을 사용하는지 알지 못한 상태로 뜨는 경우가 많고, 뜨개도안에 익숙한 사람이라면 전체를 구체적으로 파악할 수 없어 조금 불안할 수 있습니다.

반면 뜨는 과정을 그림으로 표현한 뜨개도안은 어떻게 뜨는지, 어떤 기법이 필요한지 일목요연하게 표현되어 작품의 이미지를 쉽게 떠올릴 수 있고, 난이도도 직감적으로 알 수 있습니다. 어깨는 되돌아 뜨는구나, 여기서는 줄이기를 하네, 진동둘레 줄이기는 까다롭군 등 이러한 정보를 확인 가능하다는 점이 뜨개도안의 장점입니다.

뜨개도안은 일종의 '설계도'이기도 하므로, 작품을 변형하거나 사이즈 조정 등을 해야 할 때 수정할 부분을 미리 계획하기도 좋습니다. 단, 뜨개도안은 겉면에서 본 그림이니 평면뜨기(왕복뜨기)는 머릿속에서 뜨개도안을 뒤집어 생각하면서 떠야 합니다.

뜨개도안에는 결과가, 체크 시트에는 과정이

이 책에서 살짝 소개하는 체크 시트에는 단마다 '그 단에서 할 것', '그 단의 콧수', '그 단의 코의 증감 수', '체크 박스'가 표시되어 있고, 뜨개질과 마찬가지로 아래에서 위를 향해 올라가는 표로 만들었습니다. 그 단에서 할 일이 적혀 있는 부분은 서술형 패턴과 똑같습니다. 다만 단마다 콧수가 적혀 있어 틀리지 않았는지 확인하는 데 사용할 수 있습니다.

지금 자신이 뜨고 있는 단을 표시한 부분을 보고, 쓰여 있는 대로 뜨고 있는지 체크하면서 뜨개질한다면, 단순히 뜨개도안만 보고 뜨는 것보다 훨씬 편하게 실수하지 않고 작품을 뜰 수 있습니다. 하지만 사이즈나 조립하는 방법, 작품에 따라서는 무늬뜨기 기호도 등 작품 만들기의 자세한 사항은 뜨개도안을 확인해주세요.

뜨개질할 때는 누구든 아름다운 뜨개바탕, 실수 없는 작품을 목표로 합니다. 이 책의 칼럼들 역시 실수를 줄이기 위해 또 예쁜 뜨개바탕을 뜨기 위해 어떻게 하면 좋을지 쓴 글이 대부분입니다.

문득 결과만이 아니라 뜨는 일 자체를 즐기는 것이 목적이 된다면 실수도 그리 쓸데없는 일은 아니라고 생각할 때가 있습니다. 실수하기를 걱정하지 않는 사람일수록 많이 뜨게 되고, 그래서 점점 잘하게 되고, 무엇보다 곁에서 보고 있으면 무척 즐거워 보입니다. 뭐든 정확하고 효율적으로 뜨는 것은 멋진 일이지만 그것만 목표로 삼으면 실수했을 때 괴로울 수 있으니 편안한 마음으로 손뜨개를 즐겼으면 좋겠습니다.

체크 시트는 효율적으로 뜨기 위한 도구로서 만든 것이지만 뜨개도안은 결과가, 체크 시트는 그 결과로 가기 위한 과정이 적혀 있는 것이니 이를 통해 손뜨개에 대한 이해가 더 깊어지지 않을까 싶습니다.

CHECK SHEET

STRIPED SOCKS

매직 루프로 뜨고, 앞쪽 → 뒤쪽 순으로 뜹니다.

앞쪽					단수	뒤쪽				
	그 단에서 하는 것	✓	증감	콧수			그 단에서 하는 것	✓	증감	콧수
발등쪽	배색무늬뜨기		0	34	33	발바닥쪽	배색무늬뜨기		0	34
	배색무늬뜨기		0	34	32		배색무늬뜨기		0	34
	배색무늬뜨기		0	34	31		배색무늬뜨기		0	34
	배색무늬뜨기		0	34	30		배색무늬뜨기		0	34
	배색무늬뜨기		0	34	29		배색무늬뜨기		0	34
	배색무늬뜨기		0	34	28		배색무늬뜨기		0	34
	배색무늬뜨기		0	34	27		배색무늬뜨기		0	34
	배색무늬뜨기		0	34	26		배색무늬뜨기		0	34
	배색무늬뜨기		0	34	25		배색무늬뜨기		0	34
	배색무늬뜨기		0	34	24		배색무늬뜨기		0	34
	배색무늬뜨기		0	34	23		배색무늬뜨기		0	34
	배색무늬뜨기		0	34	22		배색무늬뜨기		0	34
	배색무늬뜨기		0	34	21		배색무늬뜨기		0	34
	배색무늬뜨기		0	34	20		배색무늬뜨기		0	34
	배색무늬뜨기		0	34	19		배색무늬뜨기		0	34
	배색무늬뜨기		0	34	18		배색무늬뜨기		0	34
	배색무늬뜨기		0	34	17		배색무늬뜨기		0	34
	배색무늬뜨기		0	34	16		배색무늬뜨기		0	34
	배색무늬뜨기		0	34	15		배색무늬뜨기		0	34
	배색무늬뜨기		0	34	14		배색무늬뜨기		0	34
	배색무늬뜨기		0	34	13		배색무늬뜨기		0	34
	배색무늬뜨기		0	34	12		배색무늬뜨기		0	34
	배색무늬뜨기		0	34	11		배색무늬뜨기		0	34
	배색무늬뜨기		0	34	10		배색무늬뜨기		0	34
	배색무늬뜨기		0	34	9		배색무늬뜨기		0	34
	배색무늬뜨기		0	34	8		배색무늬뜨기		0	34
	배색무늬뜨기		0	34	7		배색무늬뜨기		0	34
	배색무늬뜨기		0	34	6		배색무늬뜨기		0	34
	배색무늬뜨기		0	34	5		배색무늬뜨기		0	34
	배색무늬뜨기		0	34	4		배색무늬뜨기		0	34
	배색무늬뜨기		0	34	3		배색무늬뜨기		0	34
	배색무늬뜨기		0	34	2		배색무늬뜨기		0	34
	배색무늬뜨기, 미색 × 검은색		0	34	1		배색무늬뜨기, 미색 × 검은색		0	34
발끝	겉뜨기1, 오른코 늘리기, 겉뜨기30, 왼코 늘리기, 겉뜨기1		+2	34	16	발끝	겉뜨기1, 오른코 늘리기, 겉뜨기30, 왼코 늘리기, 겉뜨기1		+2	34
	겉뜨기		0	32	15		겉뜨기		0	32
	겉뜨기1, 오른코 늘리기, 겉뜨기28, 왼코 늘리기, 겉뜨기1		+2	32	14		겉뜨기1, 오른코 늘리기, 겉뜨기28, 왼코 늘리기, 겉뜨기1		+2	32
	겉뜨기		0	30	13		겉뜨기		0	30
	겉뜨기1, 오른코 늘리기, 겉뜨기26, 왼코 늘리기, 겉뜨기1		+2	30	12		겉뜨기1, 오른코 늘리기, 겉뜨기26, 왼코 늘리기, 겉뜨기1		+2	30
	겉뜨기		0	28	11		겉뜨기		0	28
	겉뜨기1, 오른코 늘리기, 겉뜨기24, 왼코 늘리기, 겉뜨기1		+2	28	10		겉뜨기1, 오른코 늘리기, 겉뜨기24, 왼코 늘리기, 겉뜨기1		+2	28
	겉뜨기		0	26	9		겉뜨기		0	26
	겉뜨기1, 오른코 늘리기, 겉뜨기22, 왼코 늘리기, 겉뜨기1		+2	26	8		겉뜨기1, 오른코 늘리기, 겉뜨기22, 왼코 늘리기, 겉뜨기1		+2	26
	겉뜨기		0	24	7		겉뜨기		0	24
	겉뜨기1, 오른코 늘리기, 겉뜨기20, 왼코 늘리기, 겉뜨기1		+2	24	6		겉뜨기1, 오른코 늘리기, 겉뜨기20, 왼코 늘리기, 겉뜨기1		+2	24
	겉뜨기		0	22	5		겉뜨기		0	22
	겉뜨기1, 오른코 늘리기, 겉뜨기18, 왼코 늘리기, 겉뜨기1		+2	22	4		겉뜨기1, 오른코 늘리기, 겉뜨기18, 왼코 늘리기, 겉뜨기1		+2	22
	겉뜨기		0	20	3		겉뜨기		0	20
	겉뜨기1, 오른코 늘리기, 겉뜨기16, 왼코 늘리기, 겉뜨기1		+2	20	2		겉뜨기1, 오른코 늘리기, 겉뜨기16, 왼코 늘리기, 겉뜨기1		+2	20
	겉뜨기			18	1		겉뜨기			18
	주디스 매직 코잡기, 매직 루프로 원통뜨기(36코)									

CHECK SHEET

STRIPED SOCKS

앞쪽	그 단에서 하는 것	✓	증감	콧수	단수	뒤쪽	그 단에서 하는 것	✓	증감	콧수
발목	줄무늬 배색무늬뜨기		0	34	9	발목	줄무늬 배색무늬뜨기		0	34
	줄무늬 배색무늬뜨기		0	34	8		줄무늬 배색무늬뜨기		0	34
	줄무늬 배색무늬뜨기		0	34	7		줄무늬 배색무늬뜨기		0	34
	줄무늬 배색무늬뜨기		0	34	6		줄무늬 배색무늬뜨기		0	34
	줄무늬 배색무늬뜨기		0	34	5		줄무늬 배색무늬뜨기		0	34
	줄무늬 배색무늬뜨기		0	34	4		줄무늬 배색무늬뜨기		0	34
	줄무늬 배색무늬뜨기		0	34	3		줄무늬 배색무늬뜨기		0	34
	줄무늬 배색무늬뜨기		0	34	2		줄무늬 배색무늬뜨기		0	34
	앞쪽의 34코는 줄바늘에 걸린 채로 둔다(쉼코)				1		줄무늬 배색무늬뜨기, 미색 × 검은색		0	34
					16	발꿈치	걸러뜨기1, 안뜨기31, 왼코 겹쳐 2코 모아 안뜨기, 안뜨기1, 뜨개바탕 돌리기		-1	34
					15		걸러뜨기1, 겉뜨기 30, 오른코 겹쳐 2코 모아뜨기, 겉뜨기1, 뜨개바탕 돌리기		-1	35
					14		걸러뜨기1, 안뜨기 29, 왼코 겹쳐 2코 모아 안뜨기, 안뜨기1, 뜨개바탕 돌리기		-1	36
					13		걸러뜨기1, 겉뜨기 28, 오른코 겹쳐 2코 모아뜨기, 겉뜨기1, 뜨개바탕 돌리기		-1	37
					12		걸러뜨기1, 안뜨기 27, 왼코 겹쳐 2코 모아 안뜨기, 안뜨기1, 뜨개바탕 돌리기		-1	38
					11		걸러뜨기1, 겉뜨기 26, 오른코 겹쳐 2코 모아뜨기, 겉뜨기1, 뜨개바탕 돌리기		-1	39
					10		걸러뜨기1, 안뜨기 25, 왼코 겹쳐 2코 모아 안뜨기, 안뜨기1, 뜨개바탕 돌리기		-1	40
					9		걸러뜨기1, 겉뜨기 24, 오른코 겹쳐 2코 모아뜨기, 겉뜨기1, 뜨개바탕 돌리기		-1	41
					8		걸러뜨기1, 안뜨기 23, 왼코 겹쳐 2코 모아 안뜨기, 안뜨기1, 뜨개바탕 돌리기		-1	42
					7		걸러뜨기1, 겉뜨기 22, 오른코 겹쳐 2코 모아뜨기, 겉뜨기1, 뜨개바탕 돌리기		-1	43
					6		걸러뜨기1, 안뜨기 21, 왼코 겹쳐 2코 모아 안뜨기, 안뜨기1, 뜨개바탕 돌리기		-1	44
					5		걸러뜨기1, 겉뜨기 20, 오른코 겹쳐 2코 모아뜨기, 겉뜨기1, 뜨개바탕 돌리기		-1	45
					4		걸러뜨기1, 안뜨기 19, 왼코 겹쳐 2코 모아 안뜨기, 안뜨기1, 뜨개바탕 돌리기		-1	46
					3		걸러뜨기1, 겉뜨기 18, 오른코 겹쳐 2코 모아뜨기, 겉뜨기1, 뜨개바탕 돌리기		-1	47
					2		걸러뜨기1, 안뜨기 17, 왼코 겹쳐 2코 모아 안뜨기, 안뜨기1, 뜨개바탕 돌리기		-1	48
	줄무늬 배색무늬뜨기, 미색 × 검은색		0	34	1		검은색 실로 바꾸기. 겉뜨기33, 오른코 겹쳐 2코 모아뜨기, 겉뜨기1, 뜨개바탕 돌리기		-1	49
발등쪽	배색무늬뜨기		0	34	16	발꿈치	돌려뜨기1, 오른코 늘리기, 줄무늬 배색무늬뜨기(46코), 왼코 늘리기, 안뜨기1		+2	50
	배색무늬뜨기		0	34	15		돌려뜨기1, 줄무늬 배색무늬뜨기(46코), 안뜨기1		0	48
	배색무늬뜨기		0	34	14		돌려뜨기1, 오른코 늘리기, 줄무늬 배색무늬뜨기(44코), 왼코 늘리기, 안뜨기1		+2	48
	배색무늬뜨기		0	34	13		돌려뜨기1, 줄무늬 배색무늬뜨기(44코), 안뜨기1		0	46
	배색무늬뜨기		0	34	12		돌려뜨기1, 오른코 늘리기, 줄무늬 배색무늬뜨기(42코), 왼코 늘리기, 안뜨기1		+2	46
	배색무늬뜨기		0	34	11		돌려뜨기1, 줄무늬 배색무늬뜨기(42코), 안뜨기1		0	44
	배색무늬뜨기		0	34	10		돌려뜨기1, 오른코 늘리기, 줄무늬 배색무늬뜨기(40코), 왼코 늘리기, 안뜨기1		+2	44
	배색무늬뜨기		0	34	9		돌려뜨기1, 줄무늬 배색무늬뜨기(40코), 안뜨기1		0	42
	배색무늬뜨기		0	34	8		돌려뜨기1, 오른코 늘리기, 줄무늬 배색무늬뜨기(38코), 왼코 늘리기, 안뜨기1		+2	42
	배색무늬뜨기		0	34	7		돌려뜨기1, 줄무늬 배색무늬뜨기(38코), 안뜨기1		0	40
	배색무늬뜨기		0	34	6		돌려뜨기1, 오른코 늘리기, 줄무늬 배색무늬뜨기(36코), 왼코 늘리기, 안뜨기1		+2	40
	배색무늬뜨기		0	34	5		돌려뜨기1, 줄무늬 배색무늬뜨기(36코), 안뜨기1		0	38
	배색무늬뜨기		0	34	4		돌려뜨기1, 오른코 늘리기, 줄무늬 배색무늬뜨기(34코), 왼코 늘리기, 안뜨기1		+2	38
	배색무늬뜨기		0	34	3		돌려뜨기1, 줄무늬 배색무늬뜨기(34코), 안뜨기1		0	36
	배색무늬뜨기		0	34	2		돌려뜨기1, 오른코 늘리기, 줄무늬 배색무늬뜨기(32코), 왼코 늘리기, 안뜨기1		+2	36
	배색무늬뜨기		0	34	1		돌려뜨기1, 줄무늬 배색무늬뜨기(32코), 안뜨기1		0	34
	배색무늬뜨기		0	34	42	발바닥쪽	배색무늬뜨기		0	34
	배색무늬뜨기		0	34	41		배색무늬뜨기		0	34
	배색무늬뜨기		0	34	40		배색무늬뜨기		0	34
	배색무늬뜨기		0	34	39		배색무늬뜨기		0	34
	배색무늬뜨기		0	34	38		배색무늬뜨기		0	34
	배색무늬뜨기		0	34	37		배색무늬뜨기		0	34
	배색무늬뜨기		0	34	36		배색무늬뜨기		0	34
	배색무늬뜨기		0	34	35		배색무늬뜨기		0	34
	배색무늬뜨기		0	34	34		배색무늬뜨기		0	34

CHECK SHEET

STRIPED SOCKS

앞쪽					단수	뒤쪽				
	그 단에서 하는 것	✓	증감	콧수			그 단에서 하는 것	✓	증감	콧수
	돗바늘 코막음						돗바늘 코막음			
	(겉뜨기1, 안뜨기1) × 17회		0	34	18		(겉뜨기1, 안뜨기1) × 17회		0	34
	(겉뜨기1, 안뜨기1) × 17회		0	34	17		(겉뜨기1, 안뜨기1) × 17회		0	34
입구	(겉뜨기1, 안뜨기1) × 17회		0	34	16	입구	(겉뜨기1, 안뜨기1) × 17회		0	34
	(겉뜨기1, 안뜨기1) × 17회 보르도		0	34	15		(겉뜨기1, 안뜨기1) × 17회 보르도		0	34
	(겉뜨기1, 안뜨기1) × 17회		0	34	14		(겉뜨기1, 안뜨기1) × 17회		0	34
	(겉뜨기1, 안뜨기1) × 17회		0	34	13		(겉뜨기1, 안뜨기1) × 17회		0	34
	(겉뜨기1, 안뜨기1) × 17회		0	34	12		(겉뜨기1, 안뜨기1) × 17회		0	34
	(겉뜨기1, 안뜨기1) × 17회		0	34	11		(겉뜨기1, 안뜨기1) × 17회		0	34
	(겉뜨기1, 안뜨기1) × 17회		0	34	10		(겉뜨기1, 안뜨기1) × 17회		0	34
	(겉뜨기1, 안뜨기1) × 17회		0	34	9		(겉뜨기1, 안뜨기1) × 17회		0	34
	(겉뜨기1, 안뜨기1) × 17회		0	34	8		(겉뜨기1, 안뜨기1) × 17회		0	34
	(겉뜨기1, 안뜨기1) × 17회		0	34	7		(겉뜨기1, 안뜨기1) × 17회		0	34
	(겉뜨기1, 안뜨기1) × 17회		0	34	6		(겉뜨기1, 안뜨기1) × 17회		0	34
	(겉뜨기1, 안뜨기1) × 17회		0	34	5		(겉뜨기1, 안뜨기1) × 17회		0	34
	(겉뜨기1, 안뜨기1) × 17회		0	34	4		(겉뜨기1, 안뜨기1) × 17회		0	34
	(겉뜨기1, 안뜨기1) × 17회		0	34	3		(겉뜨기1, 안뜨기1) × 17회		0	34
	(겉뜨기1, 안뜨기1) × 17회		0	34	2		(겉뜨기1, 안뜨기1) × 17회		0	34
	(겉뜨기1, 안뜨기1) × 17회 (1코 고무뜨기 줄무늬) 검은색		0	34	1		(겉뜨기1, 안뜨기1) × 17회 검은색		0	34
	줄무늬 배색무늬뜨기		0	34	30		줄무늬 배색무늬뜨기		0	34
	줄무늬 배색무늬뜨기		0	34	29		줄무늬 배색무늬뜨기		0	34
	줄무늬 배색무늬뜨기		0	34	28		줄무늬 배색무늬뜨기		0	34
	줄무늬 배색무늬뜨기		0	34	27		줄무늬 배색무늬뜨기		0	34
	줄무늬 배색무늬뜨기		0	34	26		줄무늬 배색무늬뜨기		0	34
	줄무늬 배색무늬뜨기		0	34	25		줄무늬 배색무늬뜨기		0	34
	줄무늬 배색무늬뜨기		0	34	24		줄무늬 배색무늬뜨기		0	34
	줄무늬 배색무늬뜨기		0	34	23		줄무늬 배색무늬뜨기		0	34
	줄무늬 배색무늬뜨기		0	34	22		줄무늬 배색무늬뜨기		0	34
	줄무늬 배색무늬뜨기		0	34	21		줄무늬 배색무늬뜨기		0	34
발목	줄무늬 배색무늬뜨기		0	34	20	발목	줄무늬 배색무늬뜨기		0	34
	줄무늬 배색무늬뜨기 머스터드 × 검은색		0	34	19		줄무늬 배색무늬뜨기 머스터드 × 검은색		0	34
	줄무늬 배색무늬뜨기		0	34	18		줄무늬 배색무늬뜨기		0	34
	줄무늬 배색무늬뜨기		0	34	17		줄무늬 배색무늬뜨기		0	34
	줄무늬 배색무늬뜨기		0	34	16		줄무늬 배색무늬뜨기		0	34
	줄무늬 배색무늬뜨기		0	34	15		줄무늬 배색무늬뜨기		0	34
	줄무늬 배색무늬뜨기		0	34	14		줄무늬 배색무늬뜨기		0	34
	줄무늬 배색무늬뜨기		0	34	13		줄무늬 배색무늬뜨기		0	34
	줄무늬 배색무늬뜨기		0	34	12		줄무늬 배색무늬뜨기		0	34
	줄무늬 배색무늬뜨기		0	34	11		줄무늬 배색무늬뜨기		0	34
	줄무늬 배색무늬뜨기		0	34	10		줄무늬 배색무늬뜨기		0	34

amuhibi NOTE_04

실수 방지 요령과 털실의 양 계산법

뜨개질하다 보면 무심코 틀리게 되는 요소가 많으니 실수하지 않게 미리 대비해요

뜨개질을 하다 보면 항상 실수가 따르긴 하지만 가급적 실수가 적어야 작품을 예쁘게 완성할 수 있겠지요. 미리 준비할 수 있는 실수 방지법을 몇 가지 소개합니다.

마커를 유용하게 활용하자

콧수 링이나 단수 마커 등 편리한 도구를 활용하세요. 이런 도구가 없다면 직접 실표를 만들어도 됩니다.

스웨터 몸판을 뜰 때 20코마다 마커를 걸어두면 코를 빠뜨리거나 늘림코 또는 줄임코를 잊거나 하는 등 콧수를 틀리는 실수를 알아채기 수월합니다.

무늬뜨기는 무늬마다 마커를 걸어두세요. 무늬를 확실히 구별할 수 있으므로 콧수가 달라지는 실수를 알아채기 쉽고, 리듬감 있게 뜰 수 있어서 뜨는 속도도 빨라진답니다. 단수기록기도 함께 사용하면 더욱 안심하고 뜰 수 있어요.

이렇게 여러 가지 도구를 잘 활용하면 뜨개 과정에서 실수를 빨리 알아챌 수 있고, 착각이나 무심코 하는 실수도 미리 방지할 수 있답니다.

머릿속으로 코를 세자

작품을 뜰 때 숫자를 세는 버릇을 들이면 실수를 쉽게 알아챌 수 있습니다. '홀수에서 끝나면 이상한데', '1코가 부족하네' 하고 바로 알 수 있다면 재빨리 수습할 수 있겠지요.

뜨개도안을 자주 체크!

뜨개도안을 보면 '지금 내가 어디를 뜨고 있는지', '이 단에서는 무엇을 하는지'를 알 수 있습니다.

단, 메리야스뜨기를 여러 단 반복해서 뜨는 부분은 흐름을 깨지 않고 뜨는 것이 더 중요하니 한 단씩 체크하는 것보다 단수기록기 쓰기를 추천합니다.

책에 실린 니트를 뜨는 데 필요한 털실의 양을 계산하려면

대체 실로 작품을 뜨는 경우, 여러분이 고른 털실이 실제로 몇 볼이 필요한지 다음의 계산식을 사용해보세요.

먼저 지정한 실의 1볼 길이를 조사합니다.

무게 50g, 실 길이 100m 실이라면

100m ÷ 50g = 2m가 되어 약 1g 길이가 2m인 실입니다.

작품에 필요한 실 길이를 계산합니다.

필요량이 200g이라면 2m × 200g = 400m

작품을 뜨는 데는 400m 실이 필요합니다.

다음으로 내가 고른 털실을 조사합니다. 비슷한 게이지의 실이어도 비중이 다를 수 있으므로 실제로 몇 볼을 사야 하는지 반드시 계산합니다.

뜨고 싶은 털실이 50g에 110m라면

110m ÷ 50g = 2.2m가 되어 약 1g에 2.2m 실입니다.

뜨고 싶은 작품에 필요한 실 길이는 400m 이므로

400m ÷ 2.2m = 181.82g,

털실이 약 182g 필요합니다.

1볼에 50g이니

182g ÷ 50g = 3.64

4볼이 필요합니다.

1볼 실 길이(m) ÷ 무게(g) = 약 1g 실 길이(m)
약 1g 실 길이(m) × 필요량(g) = 필요한 실 길이(m)
필요한 실 길이(m) ÷ 약 1g 실 길이(m) = 필요량(g)

amuhibi NOTE_05

게이지란

게이지가 궁금해요

손뜨개 책을 사면 만드는 방법에 반드시 쓰여 있는 '게이지'. 해당 작품의 뜨개바탕 가로세로 10cm에 몇 코 몇 단이 있는지를 게이지를 통해 알 수 있지만 수록된 작품과 실제로 같은 게이지가 되도록 뜨지 않으면 당연히 완성 사이즈는 달라집니다.

지정한 게이지는 20코인데 내가 뜬 게이지는 22코라면? 22코를 떠야 10cm가 된다는 말은 지정한 게이지보다 빡빡하게(작게) 떴다는 의미입니다. '2코 정도는 괜찮지 않아?'라는 느낌으로 계속 뜨면 어떻게 될까요? 당연히 몸의 폭(품)이 달라집니다.

몸의 폭이 55cm인 스웨터를 뜨개도안대로 뜨더라도(콧수는 110코) 뜬 게이지가 22코라면 110(코) ÷ 22(10cm분의 콧수) = 5 = 50cm밖에 되지 않습니다. 앞뒤 몸판을 합치면 10cm나 작아진다는 뜻이니 제법 큰 문제입니다. 게이지에서 겨우 2코밖에 안 된다고 생각하기 쉽지만 잘 생각해보면 10% 차이가 나니 오차가 큽니다.

게이지 내는 법

작품과 같은 사이즈로 뜰 수 있는지 확인하기 위해 반드시 게이지를 냅니다. '급할수록 돌아가라'라는 말을 잊지 마세요.

게이지를 낼 때는 스와치(테스트용 사각 뜨개바탕)라는 가로세로 15cm(가능하면 20cm)의 네모난 뜨개바탕을 뜹니다. 지정한 게이지가 20코면 1.5배 또는 2배 콧수를 만들어서 15cm 또는 20cm가 될 때까지 뜹니다.

스와치를 떴으면 정중앙 근처에서 조금씩 위치를 이동하며 여러 번 측정해 평균을 냅니다. 테이프 형태의 줄자는 휘어져서 측정하기 어려우니 막대자 또는 게이지 자를 추천합니다.

스와치를 뜨면 그 작품의 느낌도 알 수 있으니 '이렇게 완성되는구나'라고 두근두근하면서 떴으면 해요. 무늬뜨기라면 그 무늬의 연습도 될 테니까요.

스와치 보관은 어떻게

'스와치는 게이지를 낸 후에 풀어도 되나요?'라는 질문을 자주 받는데, 스와치는 가능하면 남겨두기 바랍니다. 해당 작품을 뜨고 있는 동안에도 뜬 것과 비교하면서 게이지가 바뀌지는 않았는지 확인할 수 있습니다.

클리어 파일이나 지퍼 백 등에 뜬 날짜와 작품 이름, 실과 바늘 크기, 콧수와 단수 등을 적은 메모와 함께 보관하면 완벽합니다. '이 실과 이 바늘로 뜨면 이런 느낌이 나오는구나'라는 샘플이 되어 새롭게 작품을 뜰 때 참고할 수 있고, 지금까지 내가 뜬 것의 기록이기도 하니 취향의 변화나 실력이 느는 과정을 볼 수 있습니다.

게이지가 맞지 않는다면

스와치를 떴지만, 게이지가 맞지 않으면 뜨는 바늘의 크기를 바꿔서 조정합니다. 손에 들어가는 힘을 바꿔 게이지를 조정하는 일은 특히 초심자에게 어려운 데다 예쁜 뜨개바탕을 만드는 데도 지장이 생기니 반드시 바늘 크기를 바꿔서 뜹니다.

또 가로세로 게이지가 전부 맞지 않는다면 가로 게이지(콧수)부터 맞춰주세요. 세로 게이지는 뜨는 단수로 조정하면 되니까요. 진동둘레나 목둘레 길이는 차이가 8% 이내라면 뜨개도안대로 떠도 괜찮습니다.

뜬 게이지를 바탕으로 바늘 크기를 바꾼다면

대바늘 크기를 1호 바꾸면 게이지가 5.5% 정도 달라집니다.

8호 대바늘로 게이지가 18코 × 24단일 때, 같은 실을 9호 대바늘로 뜨면 약 17코 × 22.5단인 것을 이 계산으로 알 수 있습니다. 떠보았더니 게이지가 작았을(또는 컸을) 때, 바늘 크기를 어느 정도 바꾸면 좋은지 이 계산으로 알 수 있으니 이용해보세요.

바늘 크기를 정하면 반드시 실제로 떠서 뜨개바탕 상태 등을 확인합니다.

HOW TO KNIT

뜨는 법, 만드는 법

• 도안에 적힌 숫자의 단위는 cm입니다.

• 이 책은 US 규격의 대바늘로 작품을 떴지만, 편의성을 고려해 가장 가까운 굵기의 일본 규격 대바늘 호수를 함께 표시했습니다. 바늘을 선택할 때는 표를 참고해주세요.

• 이 책의 작품 뜨는 법은 일부를 제외하고 M과 L로 표시했습니다. 작품의 치수를 참고해 자신의 체형이나 취향에 맞게 품이며 길이 등을 조정하면 됩니다.
작품의 사이즈는 뜨는 사람의 손힘 조절(장력)에 따라 바뀝니다. 기재한 사이즈로 완성하고 싶으면 게이지에 맞게 바늘 호수를 바꿔서 조정해주세요. 완성한 게이지가 작으면 바늘 호수를 높이고, 게이지가 크다면 바늘 호수를 낮추면 됩니다.

• KNIT _ 13을 제외하고 전부 M 사이즈입니다. 작품을 착용한 모델의 키는 172cm입니다.

• 털실의 양은 작품을 뜰 때의 대략적인 양입니다. 뜰 때 빡빡하게 뜨는지 느슨하게 뜨는지에 따라 필요량이 크게 바뀌기도 합니다. 걱정되면 실을 넉넉하게 준비합니다.

• 뜨는 법의 기초는 포인트 해설(→P.38~57)과 테크닉 가이드(→P.102~110)를 참고합니다.

대바늘 굵기 대조표

mm	일본 대바늘 호수	US 대바늘 호수
2.00		0
2.10	0	
2.25		1
2.40	1	
2.50		1 $\frac{1}{2}$
2.70	2	
2.75		2
3.00	3	2 $\frac{1}{2}$
3.25		3
3.30	4	
3.50		4
3.60	5	
3.75		5
3.90	6	
4.00		6
4.20	7	
4.50	8	7
4.80	9	
5.00		8
5.10	10	
5.40	11	
5.50		9
5.70	12	
6.00	13	10
6.30	14	
6.50		10 $\frac{1}{2}$
6.60	15	
7.00	7mm	
8.00	8mm	11
9.00	9mm	13
10.00	10mm	15

KNIT_01

P.6

YARN

실(M) … DARUMA 체비엇 울 코르크(7) 220g = 5볼, 딥 오렌지(8) 90g = 2볼, 딥 블루(4) 55g = 2볼, 다크 초콜릿(9) 45g = 1볼, 그레이(2) 30g = 1볼

실(L) … DARUMA 체비엇 울 코르크(7) 240g = 5볼, 딥 오렌지(8) 90g = 2볼, 딥 블루(4) 60g = 2볼, 다크 초콜릿(9) 45g = 1볼, 그레이(2) 30g = 1볼

TOOL

대바늘 8호(US 7호 4.5mm), 6호(US 6호 4.0mm)

SIZE

M … 가슴둘레 110cm, 기장 55cm, 화장 70cm

L … 가슴둘레 118cm, 기장 58cm, 화장 73cm

GAUGE(10 × 10CM)

배색무늬뜨기A·B 19코 × 22단

메리야스뜨기 19코 × 26단

HOW TO

◎ 목둘레·요크·몸판·소매 … 독일식 코잡기(→P.38)로 뜨고, 1코 돌려 고무뜨기로 원통뜨기합니다. 요크는 코를 늘리면서 메리야스뜨기, 배색무늬뜨기A로 뜹니다. 배색무늬뜨기는 실을 가로로 걸치는 방법으로 뜹니다. 몸판은 겨드랑이 부분의 감아코와 요크에서 코를 주워 메리야스뜨기, 1코 돌려 고무뜨기로 원통뜨기합니다. 뜨개 끝은 걸기코로 하는 덮어씌워 코막음(→P.40)을 합니다. 소매는 요크의 쉼코와 겨드랑이 부분의 코를 줍고, 소매 밑에서 코를 줄이면서 메리야스뜨기, 배색무늬뜨기B, 1코 돌려 고무뜨기로 뜹니다. 뜨개 끝은 몸판과 같은 방법으로 합니다.

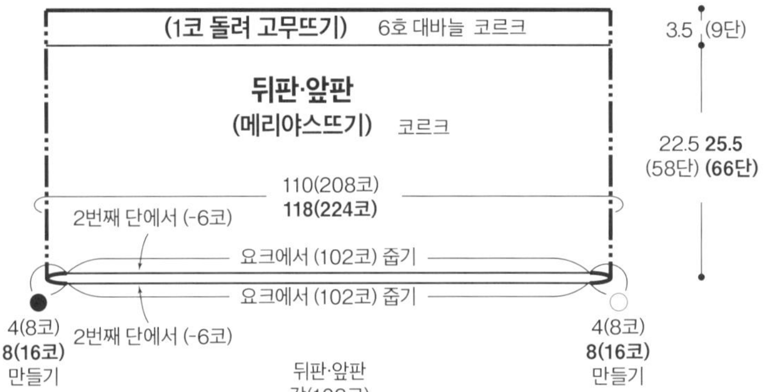

(1코 돌려 고무뜨기) 6호 대바늘 코르크

3.5 (9단)

뒤판·앞판
(메리야스뜨기) 코르크

22.5 **25.5**
(58단) **(66단)**

110(208코)
118(224코)

2번째 단에서 (-6코)

요크에서 (102코) 줍기

요크에서 (102코) 줍기

2번째 단에서 (-6코)

● 4(8코) **8(16코)** 만들기

○ 4(8코) **8(16코)** 만들기

POINT

소맷부리의 배색무늬를 매직 루프로 뜬다면 뜨개를 끝낼 때 반드시 걸치는 실을 뜨는 실에 끼워주세요. 그래야 바늘을 바꿔 넣고 뜨개를 시작할 때, 2색 실이 모두 뜨는 바늘 쪽으로 와 걸치는 실이 당겨지지 않으면서 예쁘게 뜰 수 있답니다. 입을 때 손가락이 걸리지 않도록 걸치는 실은 짧게 3~4코로 해주세요.

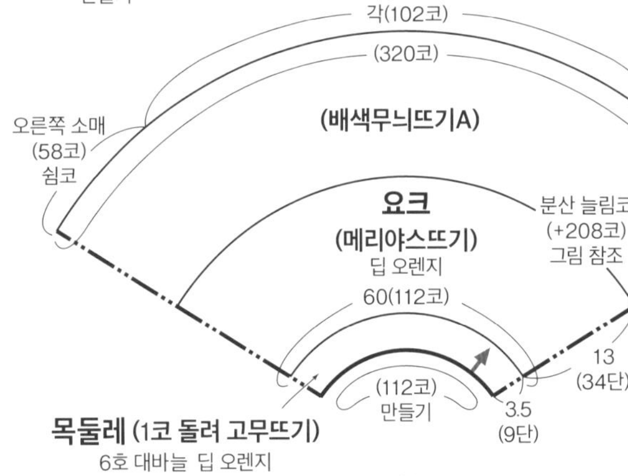

뒤판·앞판
각(102코)

(320코)

오른쪽 소매
(58코)
쉼코

(배색무늬뜨기A)

왼쪽 소매
(58코)
쉼코

요크
(메리야스뜨기)
딥 오렌지

분산 늘림코
(+208코)
그림 참조

60(112코)

16
(36단)

13
(34단)

(112코)
만들기

3.5
(9단)

목둘레 (1코 돌려 고무뜨기)
6호 대바늘 딥 오렌지

23

※지정하지 않은 것은 8호 대바늘로 뜬다.

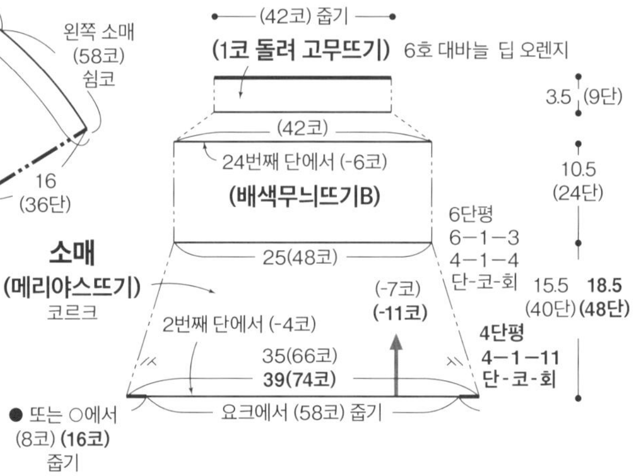

(42코) 줍기

(1코 돌려 고무뜨기) 6호 대바늘 딥 오렌지

3.5 (9단)

(42코)

24번째 단에서 (-6코)

(배색무늬뜨기B)

10.5
(24단)

6단평
6-1-3
4-1-4
단-코-회

25(48코)

소매
(메리야스뜨기)
코르크

(-7코)
(-11코)

15.5 **18.5**
(40단) **(48단)**

2번째 단에서 (-4코)

35(66코)
39(74코)

4단평
4-1-11
단-코-회

● 또는 ○에서
(8코) **(16코)**
줍기

요크에서 (58코) 줍기

사이즈는 M·L 순으로 표기했고,
하나만 표기한 것은 공통입니다.

1코 돌려 고무뜨기 (목둘레)

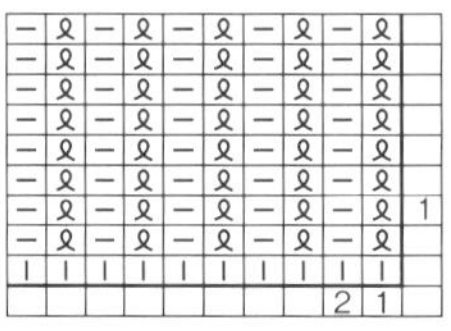

–	ℓ	–	ℓ	–	ℓ	–	ℓ	–	ℓ	
–	ℓ	–	ℓ	–	ℓ	–	ℓ	–	ℓ	
–	ℓ	–	ℓ	–	ℓ	–	ℓ	–	ℓ	
–	ℓ	–	ℓ	–	ℓ	–	ℓ	–	ℓ	
–	ℓ	–	ℓ	–	ℓ	–	ℓ	–	ℓ	
–	ℓ	–	ℓ	–	ℓ	–	ℓ	–	ℓ	
–	ℓ	–	ℓ	–	ℓ	–	ℓ	–	ℓ	1
–	ℓ	–	ℓ	–	ℓ	–	ℓ	–	ℓ	
I	I	I	I	I	I	I	I	I	I	
								2	1	

1코 돌려 고무뜨기 (밑단·소맷부리)

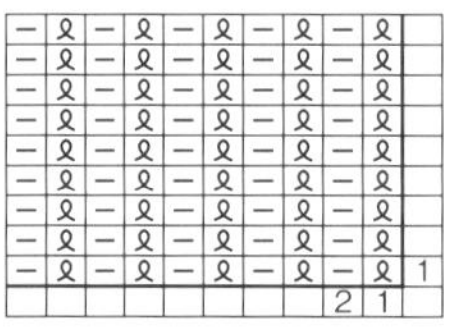

–	ℓ	–	ℓ	–	ℓ	–	ℓ	–	ℓ	
–	ℓ	–	ℓ	–	ℓ	–	ℓ	–	ℓ	
–	ℓ	–	ℓ	–	ℓ	–	ℓ	–	ℓ	
–	ℓ	–	ℓ	–	ℓ	–	ℓ	–	ℓ	
–	ℓ	–	ℓ	–	ℓ	–	ℓ	–	ℓ	
–	ℓ	–	ℓ	–	ℓ	–	ℓ	–	ℓ	
–	ℓ	–	ℓ	–	ℓ	–	ℓ	–	ℓ	
–	ℓ	–	ℓ	–	ℓ	–	ℓ	–	ℓ	
–	ℓ	–	ℓ	–	ℓ	–	ℓ	–	ℓ	1
								2	1	

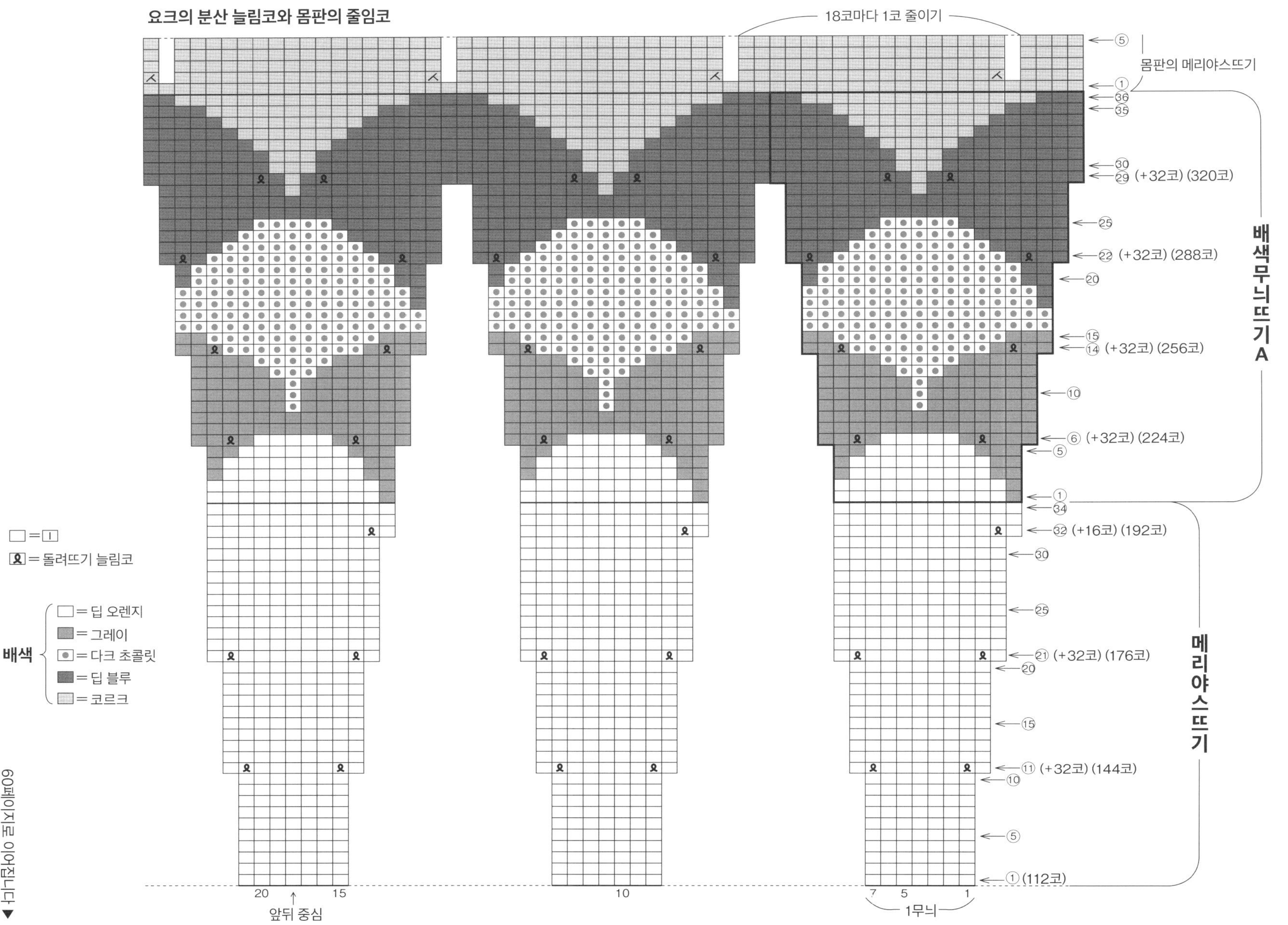

60페이지로 이어집니다 ▶

▶ 59페이지에서 이어집니다(KNIT _ 01).

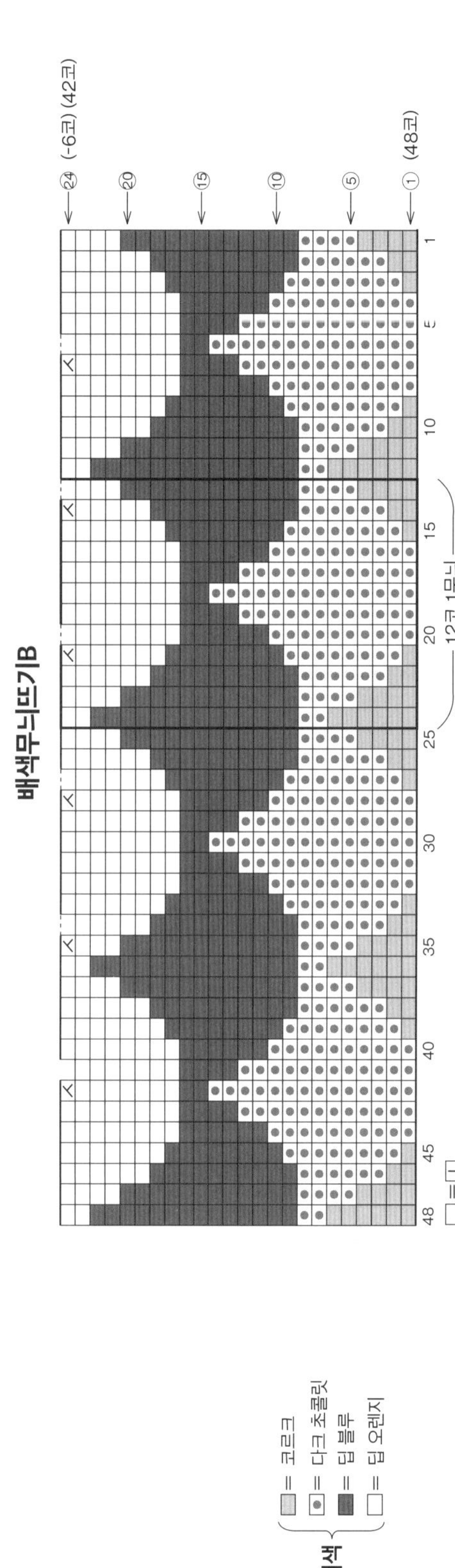

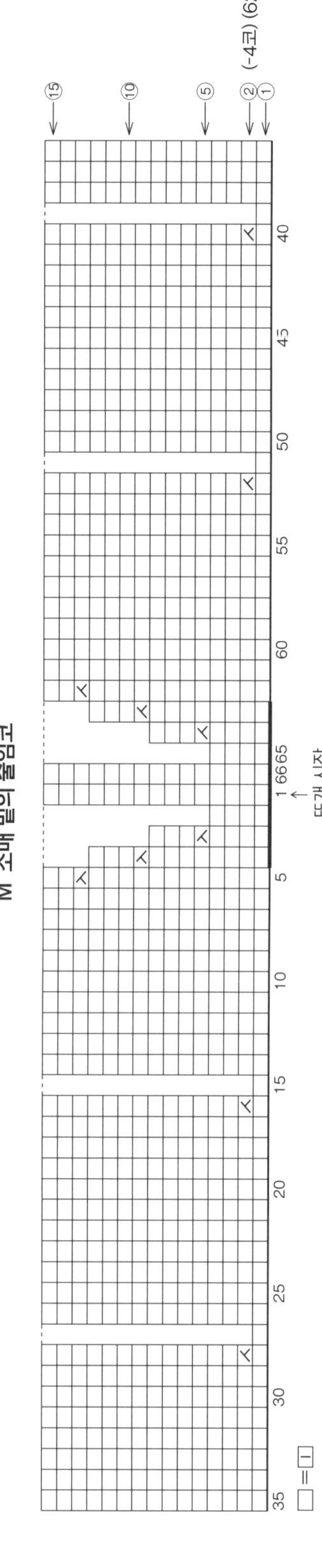

ARAN & BRIOCHE PULLOVER

KNIT_02

P.8

YARN

실(M) … DARUMA 랑부예 메리노 울 베이지(2) 645g = 13볼, 블랙(6) 25g = 1볼

실(L) … DARUMA 랑부예 메리노 울 베이지(2) 680g = 14볼, 블랙(6) 40g = 1볼

TOOL

대바늘 6호(US 6호 4.0mm), 5호(US 4호 3.5mm), 3호(US 2½호 3.0mm)

SIZE

M … 가슴둘레 112cm, 기장 59cm, 화장 85cm

L … 가슴둘레 120cm, 기장 62cm, 화장 89cm

GAUGE(10 × 10CM)

줄무늬 무늬뜨기 23코 × 50단

무늬뜨기 28코 × 36단

HOW TO

◎몸판·소매 … 몸판은 손가락으로 만드는 기초코로 뜨기 시작하고, 줄무늬 무늬뜨기(브리오슈뜨기), 무늬뜨기로 뜹니다. 목둘레의 줄임코는 2코 이상은 덮어씌우기, 1코는 끝의 1코를 세우는 줄임코를 합니다. 소매는 몸판과 같은 방법으로 뜨기 시작하고, 1코 돌려 고무뜨기 줄무늬, 줄무늬 무늬뜨기로 뜹니다. 뜨개 끝은 코를 쉬어둡니다.

◎마무리하기 … 어깨는 덮어씌워 잇기로, 옆선과 소매 밑선은 돗바늘로 잇기로 연결합니다. 소매는 코와 단 잇기로 몸판과 합칩니다. 목둘레는 지정한 콧수를 줍고, 게이지 조정을 하며 1코 돌려 고무뜨기로 원통뜨기합니다. 뜨개 끝의 돌려뜨기는 겉뜨기로 안뜨기는 안뜨기로 뜨면서 덮어씌워 코막음합니다.

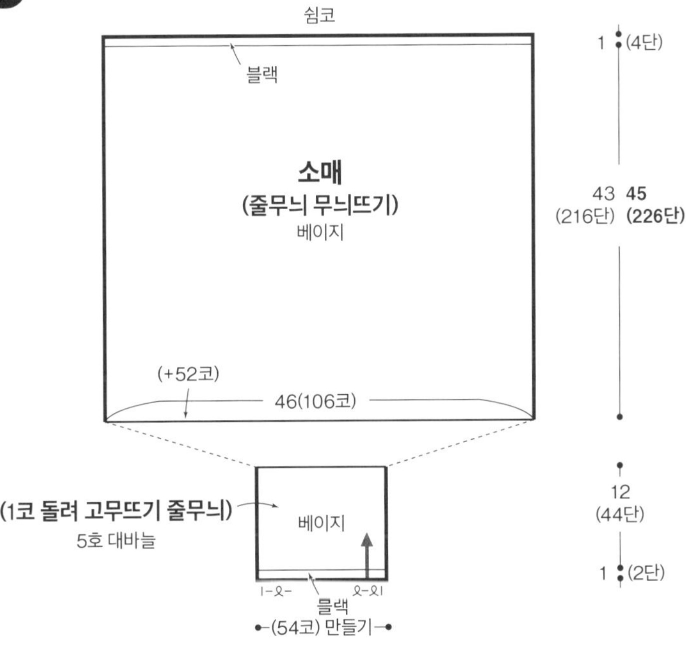

사이즈는 M·L 순으로 표기했고,
하나만 표기한 것은 공통입니다.

줄무늬 무늬뜨기 (소매)

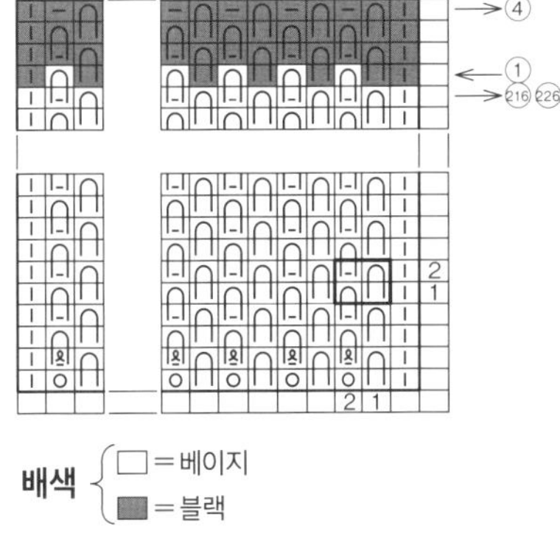

배색 { □ = 베이지, ■ = 블랙 }

1코 돌려 고무뜨기 줄무늬 (소맷부리)

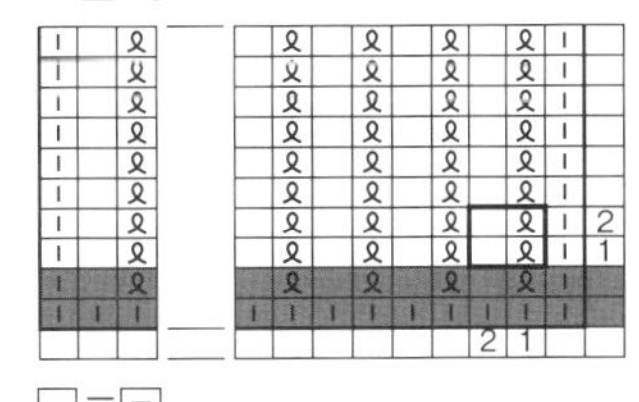

□ = ⊟

POINT

브리오슈뜨기는 뜨개코 위에 걸기코가 겹쳐져 있어 실수했을 때 풀어서 되돌아가는 것이 조금 어려워요. 하지만 힘을 주지 않고 조금씩 풀면 실에 뜬 자국이 남으므로 코를 바늘로 되돌리기 쉬워진답니다.

62페이지로 이어집니다. ▶

▶ 61페이지에서 이어집니다(KNIT _ 02).

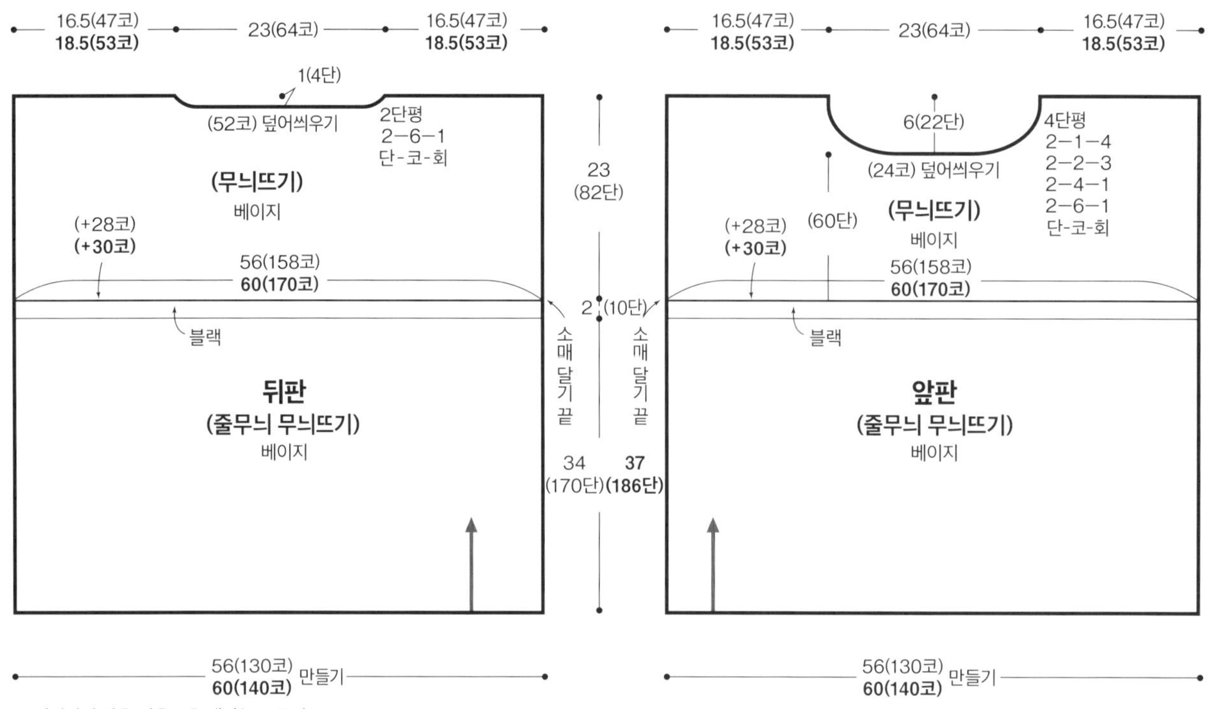

※지정하지 않은 것은 6호 대바늘로 뜬다.

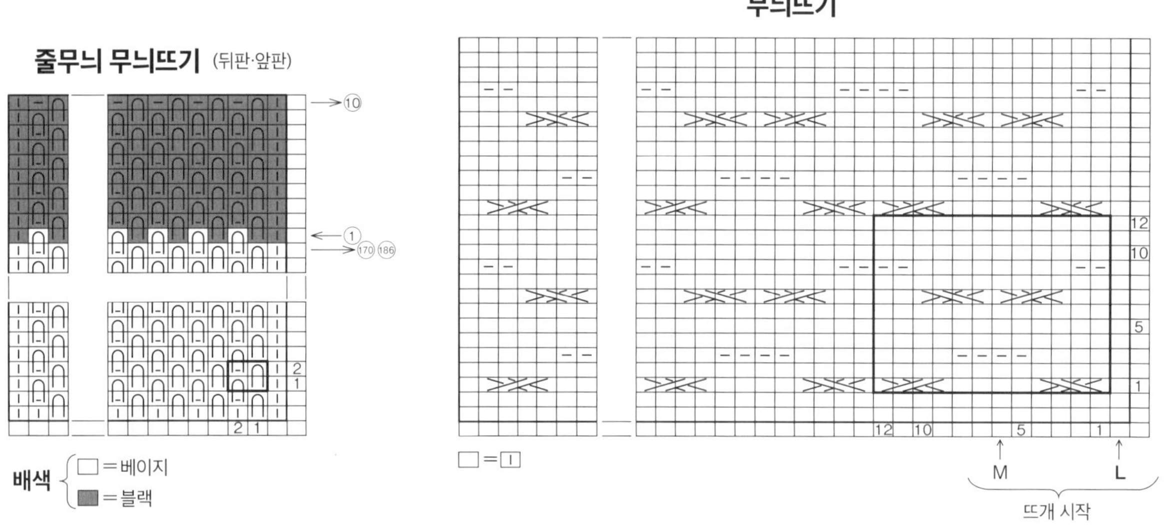

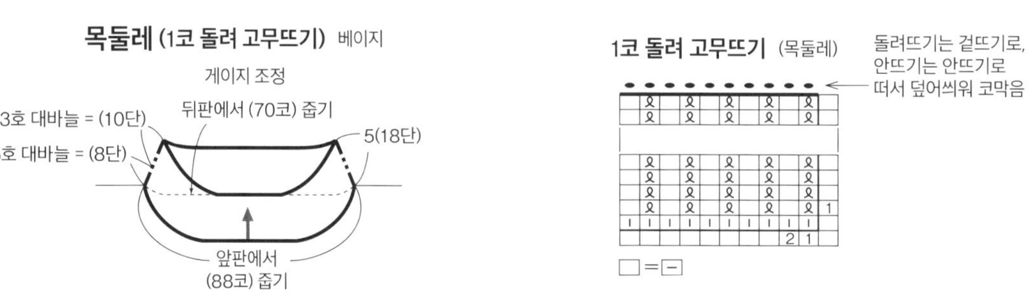

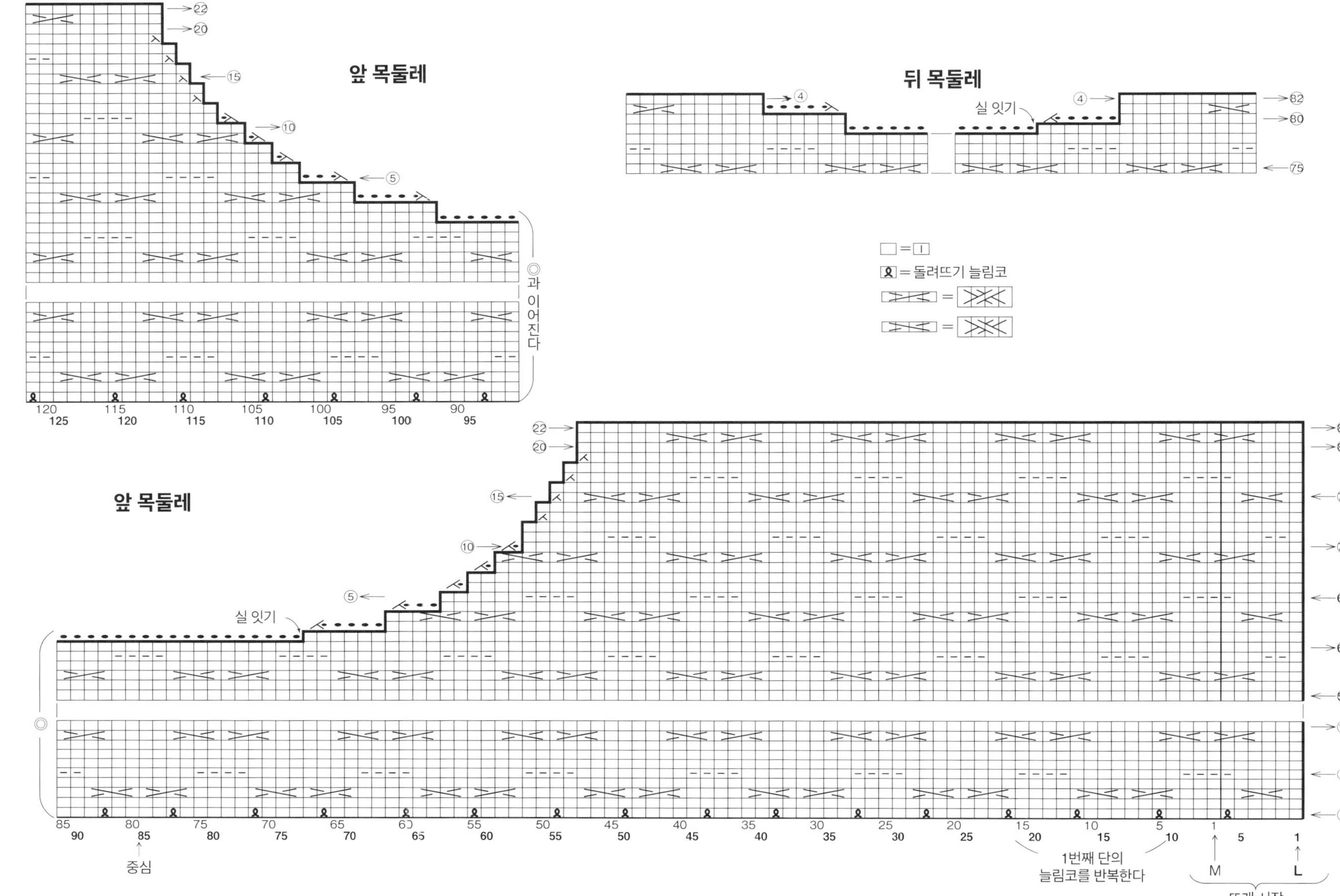
앞 목둘레
◎과 이어진다
뒤 목둘레
실 잇기
= ㅣ
= 돌려뜨기 늘림코
앞 목둘레
실 잇기
◎
중심
1번째 단의 늘림코를 반복한다
M
L
뜨개 시작

KNIT_03

P.10

FAV BOBBLE

YARN

실(M) … WOOL DREAMERS(울 드리머스) La Rinconada(린코나다) 핑크(Coral 626V Base Niebla) 590g = 6타래

실(L) … WOOL DREAMERS(울 드리머스) La Rinconada(린코나다) 핑크(Coral 626V Base Niebla) 650g = 7타래

대체실(M) … DARUMA 체비엇 울 740g = 15볼

대체실(L) … DARUMA 체비엇 울 820g = 17볼

TOOL

대바늘 8호(US 7호 4.5mm), 6호(US 6호 4.0mm)

SIZE

M … 가슴둘레 116cm, 기장 62.5cm, 화장 68cm

L … 가슴둘레 124cm, 기장 65.5cm, 화장 71.5cm

GAUGE

멍석뜨기(10 × 10cm) 22코 × 28단, 무늬뜨기A·A'는 1무늬 11코 5.5cm, 무늬뜨기B는 1무늬 13코 4cm, 무늬뜨기C·C'는 1무늬 11코 6cm, 무늬뜨기D는 1무늬 7코 3.5cm, 무늬뜨기D'·D"는 1무늬 9코 4cm, 무늬뜨기E·F는 1무늬 23코 10cm, 무늬뜨기G는 1무늬 15코 7cm, 전부 10cm에 28단

HOW TO

◎몸판·소매 … 손가락으로 만드는 기초코로 뜨기 시작하고, 몸판은 1코 돌려 고무뜨기, 멍석뜨기, 무늬뜨기A·A'·B·C·C'·D·E·F를 배치해 뜹니다. 목둘레의 줄임코는 2코 이상은 덮어씌우기, 1코는 끝의 1코를 세우는 줄임코를 합니다. 소매는 1코 돌려 고무뜨기, 멍석뜨기, 무늬뜨기D'·D"·G를 배치해 뜹니다. 소매 밑의 늘림코는 1코 안쪽에서 돌려뜨기 늘림코를 합니다. 뜨개 끝은 코를 쉬어둡니다.

◎마무리하기 … 어깨는 덮어씌워 잇기로 연결합니다. 소매는 코와 단 잇기로 몸판과 합칩니다. 옆선, 소매 밑선은 돗바늘로 잇기로 연결합니다. 목둘레는 지정한 콧수를 주워, 1코 돌려 고무뜨기로 원통뜨기합니다. 뜨개 끝은 돌려뜨기는 겉뜨기로, 안뜨기는 안뜨기로 떠서 덮어씌워 코막음합니다.

POINT

이 스웨터의 주인공이기도 한 큼직한 구슬은 스팀으로 마무리하면 눌리기 쉬우니 물로만 가볍게 선세탁해주세요. 지정한 실인 La Rinconada는 선세탁을 하면 분위기가 완전히 달라지므로 선세탁을 추천합니다.

1코 돌려 고무뜨기

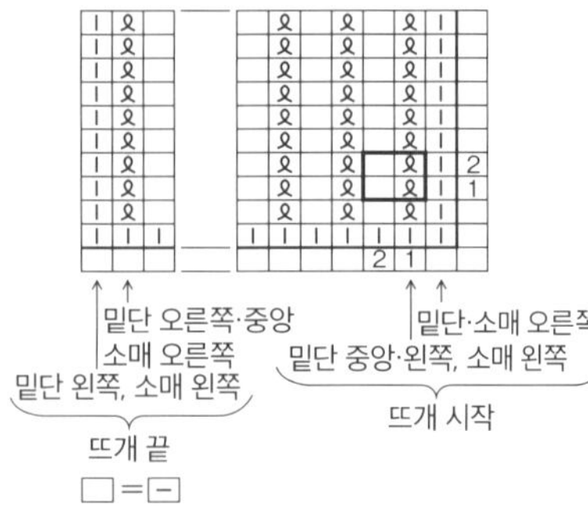

멍석뜨기

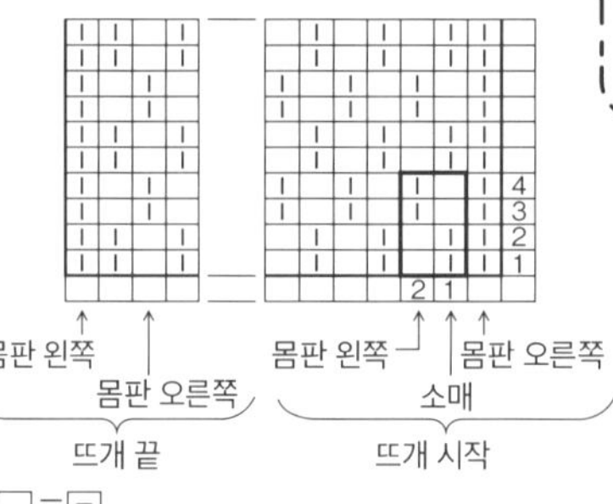

무늬뜨기A'

무늬뜨기A

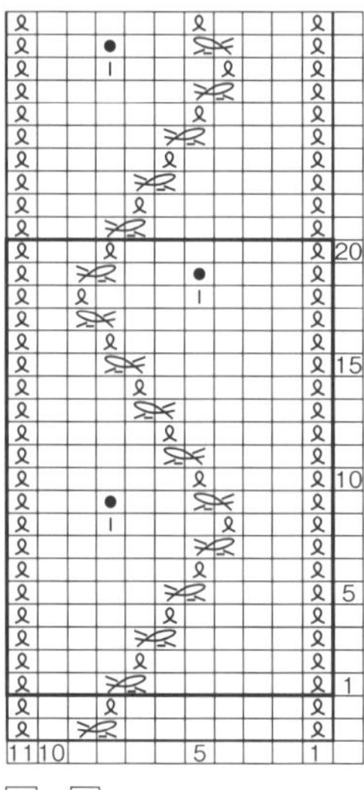

무늬뜨기B

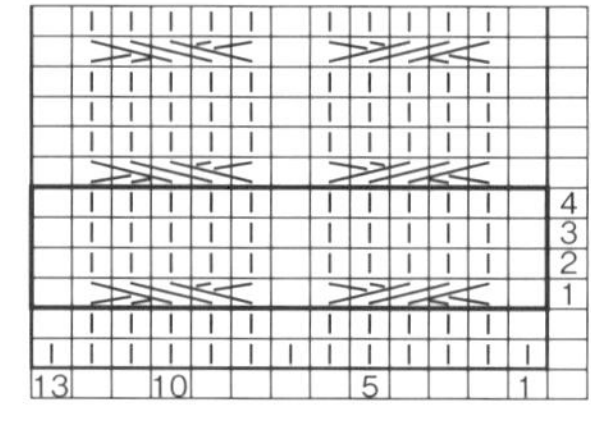

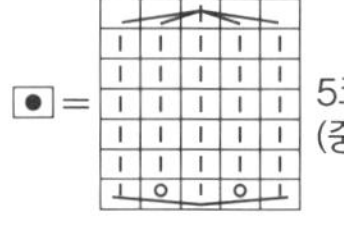

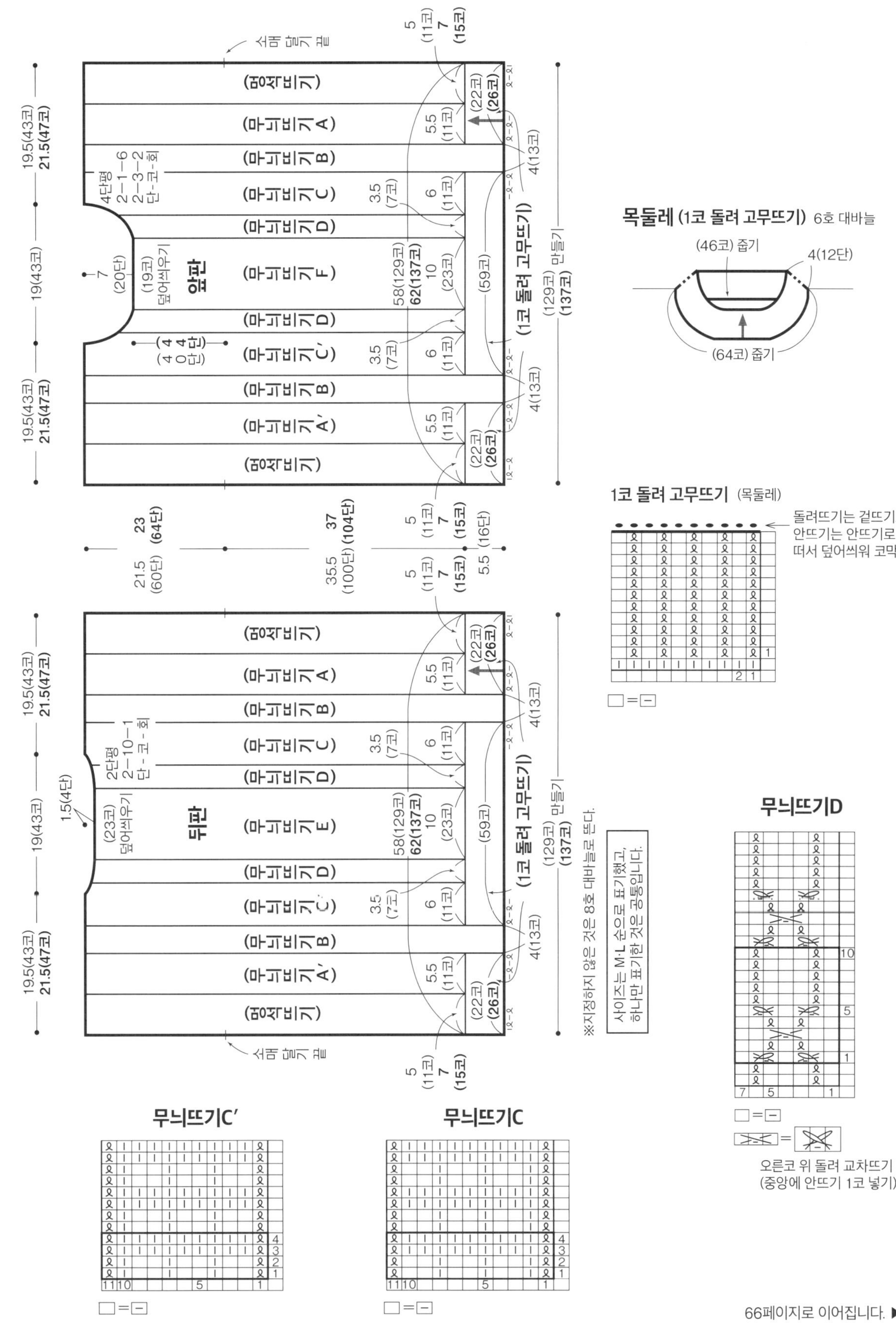

66페이지로 이어집니다. ▶

▶65페이지에서 이어집니다(KNIT _ 03).

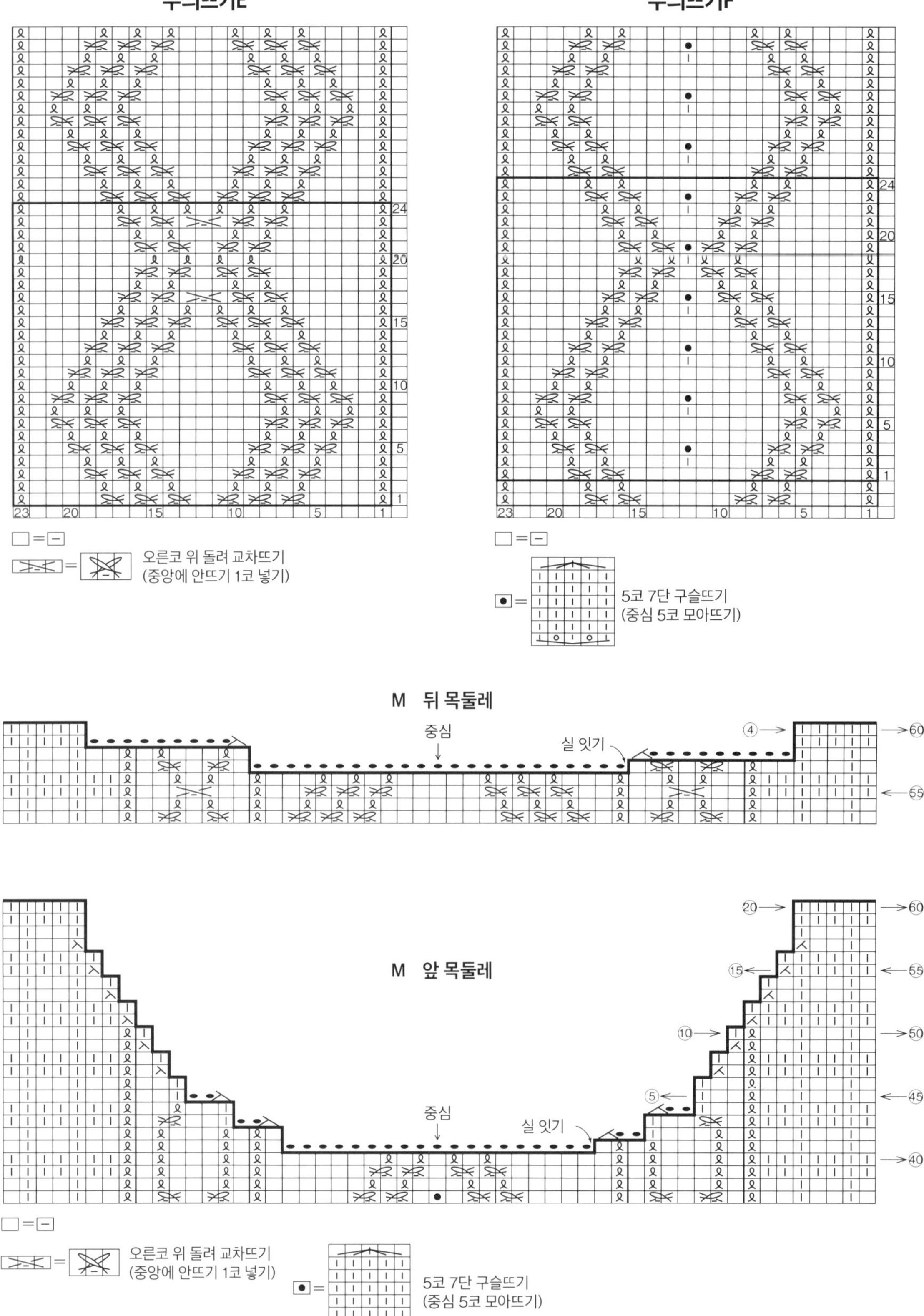

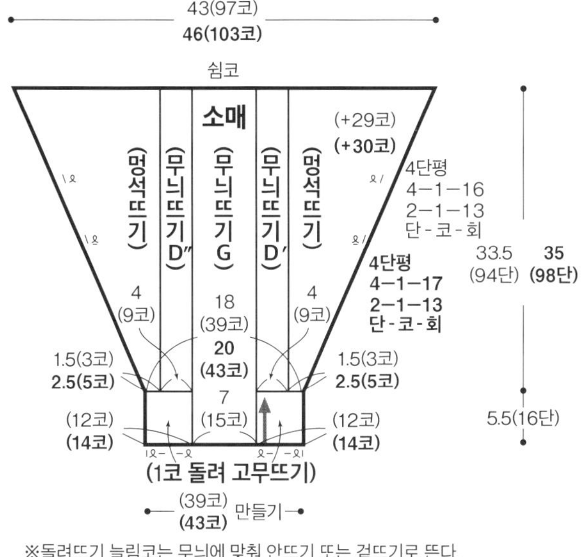

※돌려뜨기 늘림코는 무늬에 맞춰 안뜨기 또는 겉뜨기로 뜬다.

무늬뜨기G

□=⊟

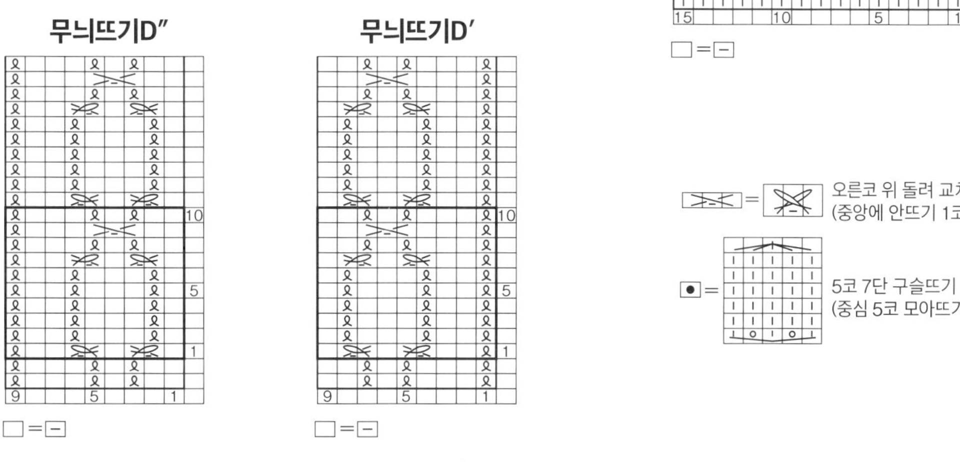

오른코 위 돌려 교차뜨기 (중앙에 안뜨기 1코 넣기)

5코 7단 구슬뜨기 (중심 5코 모아뜨기)

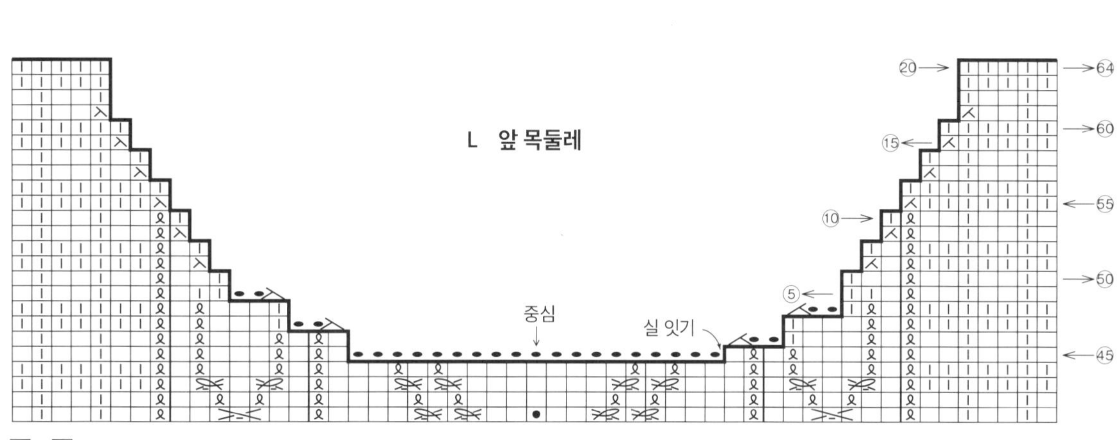

HERRINGBONE TUNIC

KNIT_04

☞ P.12

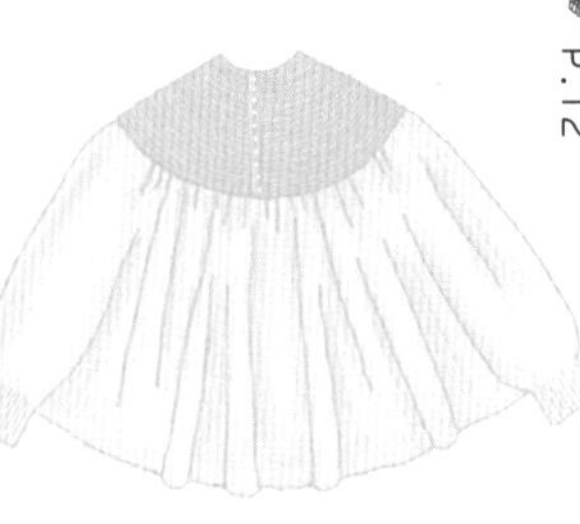

YARN

실(M) … 하마나카 소노모노 헤어리 미색(121) 200g = 8볼, 하마나카 소노모노 '합태' 미색(1) 110g = 3볼
실(L) … 하마나카 소노모노 헤어리 미색(121) 230g = 10볼, 하마나카 소노모노 '합태' 미색(1) 110g = 3볼
단추 … 지름 9mm × 10개

TOOL

대바늘 8호(US 7호 4.5mm), 6호(US 6호 4.0mm), 5호(US 4호 3.5mm)

SIZE

M … 가슴둘레 171cm, 기장 62cm, 화장 77cm
L … 가슴둘레 175cm, 기장 65cm, 화장 77cm

GAUGE(10 × 10CM)

메리야스뜨기 19코 × 20단
무늬뜨기 36코 × 31단

HOW TO

◎요크·목둘레·앞단·몸판·소매 … 목둘레부터 톱다운으로 뜹니다. 위 요크는 손가락으로 만드는 기초코로 뜨기 시작하고, 코를 늘리면서 무늬뜨기로 뜹니다. 뜨개 끝은 코를 줄이면서 덮어씌워 코막음합니다. 기초코에서 지정한 콧수를 주워 가터뜨기로 목둘레를 뜨고, 뜨개 끝은 안뜨기로 떠서 덮어씌워 코막음합니다. 위 요크와 목둘레에서 코를 주워 가터뜨기로 앞단을 뜹니다. 오른쪽 앞단에는 단춧구멍을 만듭니다. 뜨개 끝은 목둘레와 같은 방법으로 합니다. 위 요크와 오른쪽 앞단에서 코를 주워 메리야스뜨기로 아래 요크를 원통뜨기합니다. 몸판은 코를 늘리면서 아래 요크에서 코를 주워 메리야스뜨기로 원통뜨기합니다. 뜨개 끝은 덮어씌워 코막음합니다. 소매는 아래 요크에서 코를 줍고 메리야스뜨기, 1코 돌려 고무뜨기합니다. 뜨개 끝은 돌려뜨기는 겉뜨기로, 안뜨기는 안뜨기로 떠서 덮어씌워 코막음합니다. 왼쪽 앞단의 아래쪽을 안면에 바느질하고, 단추를 달아 완성합니다.

무늬뜨기

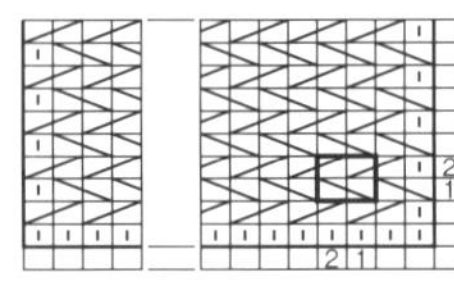

▨·▧ =미니 헤링본 (→P.42)

1코 돌려 고무뜨기 (소맷부리)

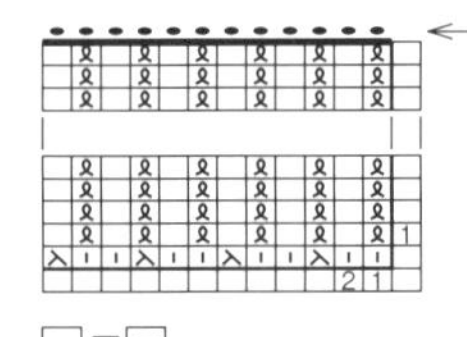
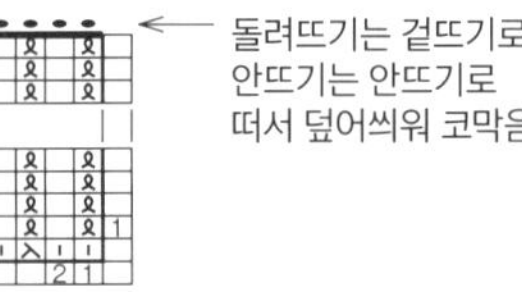

□=⊟

M 아래 요크의 코줍기와 몸판의 늘림코

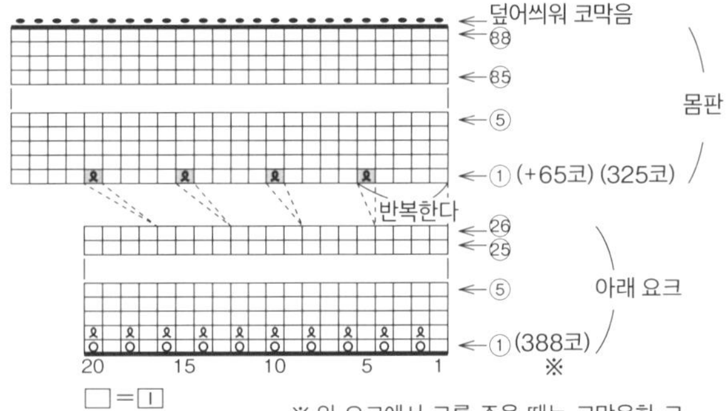

□=▯
Ⓠ=돌려뜨기
Ⓠ=돌려뜨기 늘림코

※ 위 요크에서 코를 주울 때는 코막음한 코의 머리 뒤쪽 1가닥을 줍는다. 오른쪽 앞단에서 줍는 4코는 걸기코를 하지 않는다.

L 아래 요크의 코줍기와 몸판의 늘림코

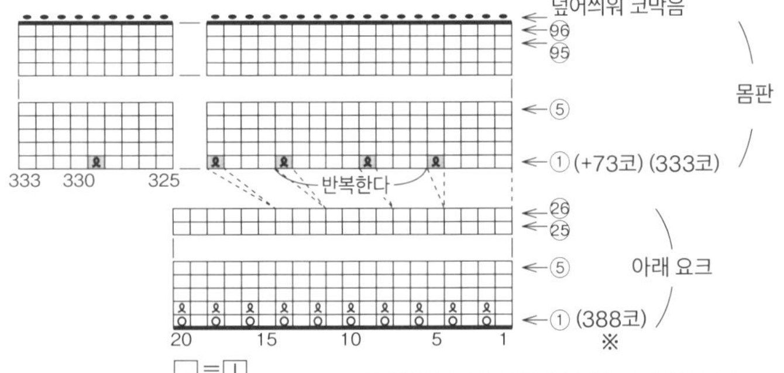

□=▯
Ⓠ=돌려뜨기
Ⓠ=돌려뜨기 늘림코

※ 위 요크에서 코를 주울 때는 코막음한 코의 머리 뒤쪽 1가닥을 줍는다. 오른쪽 앞단에서 줍는 4코는 걸기코를 하지 않는다.

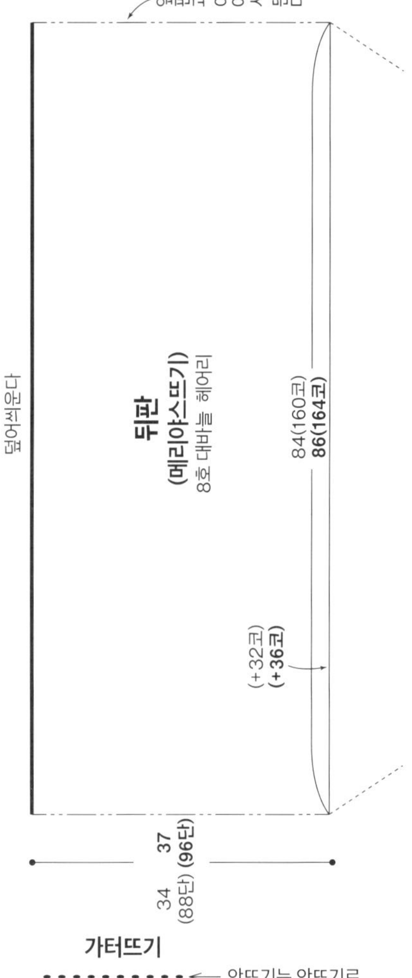

가터뜨기

□=▯

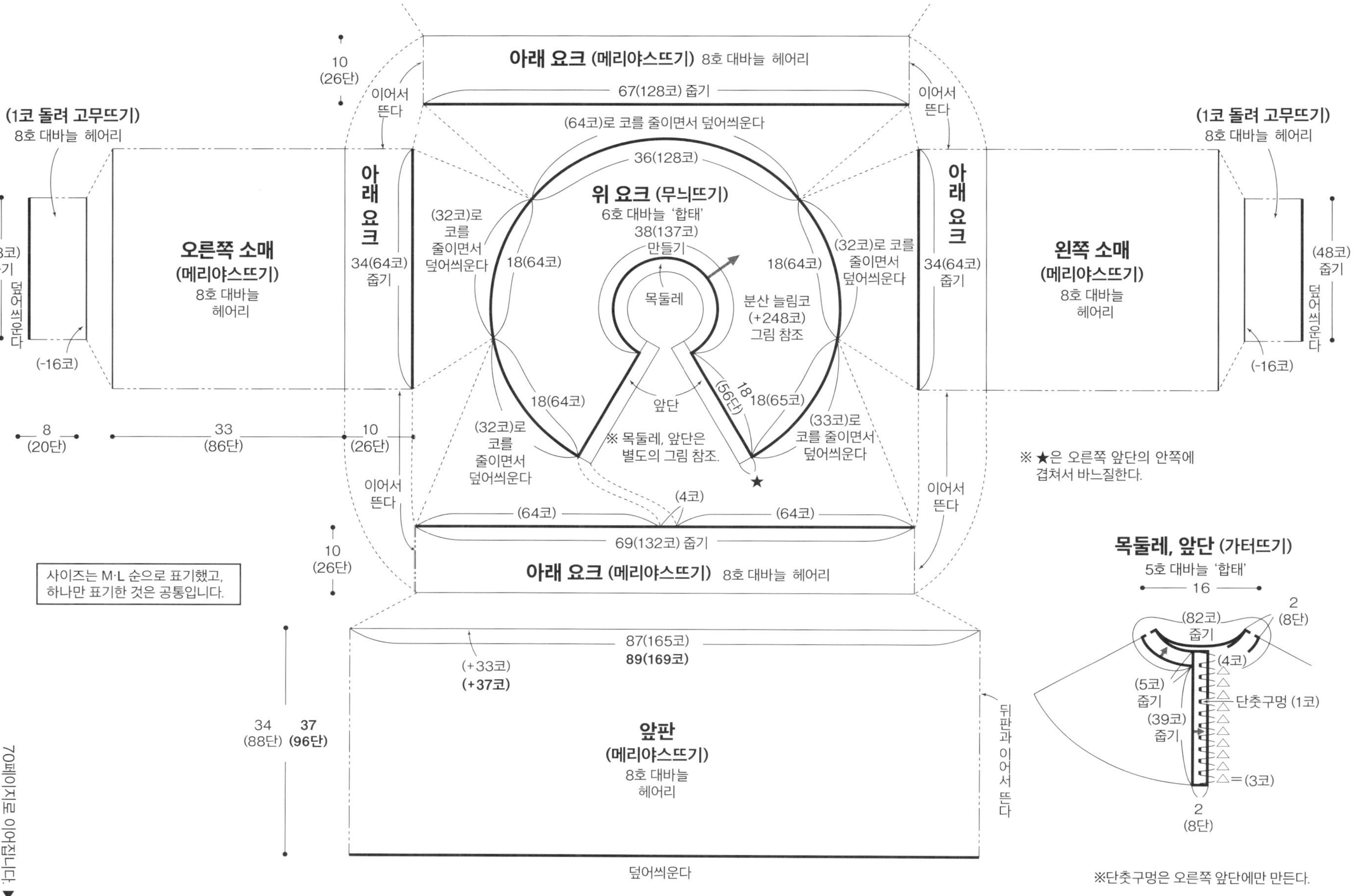

70페이지로 이어집니다. ▶

▶69페이지에서 이어집니다
(KNIT_04).

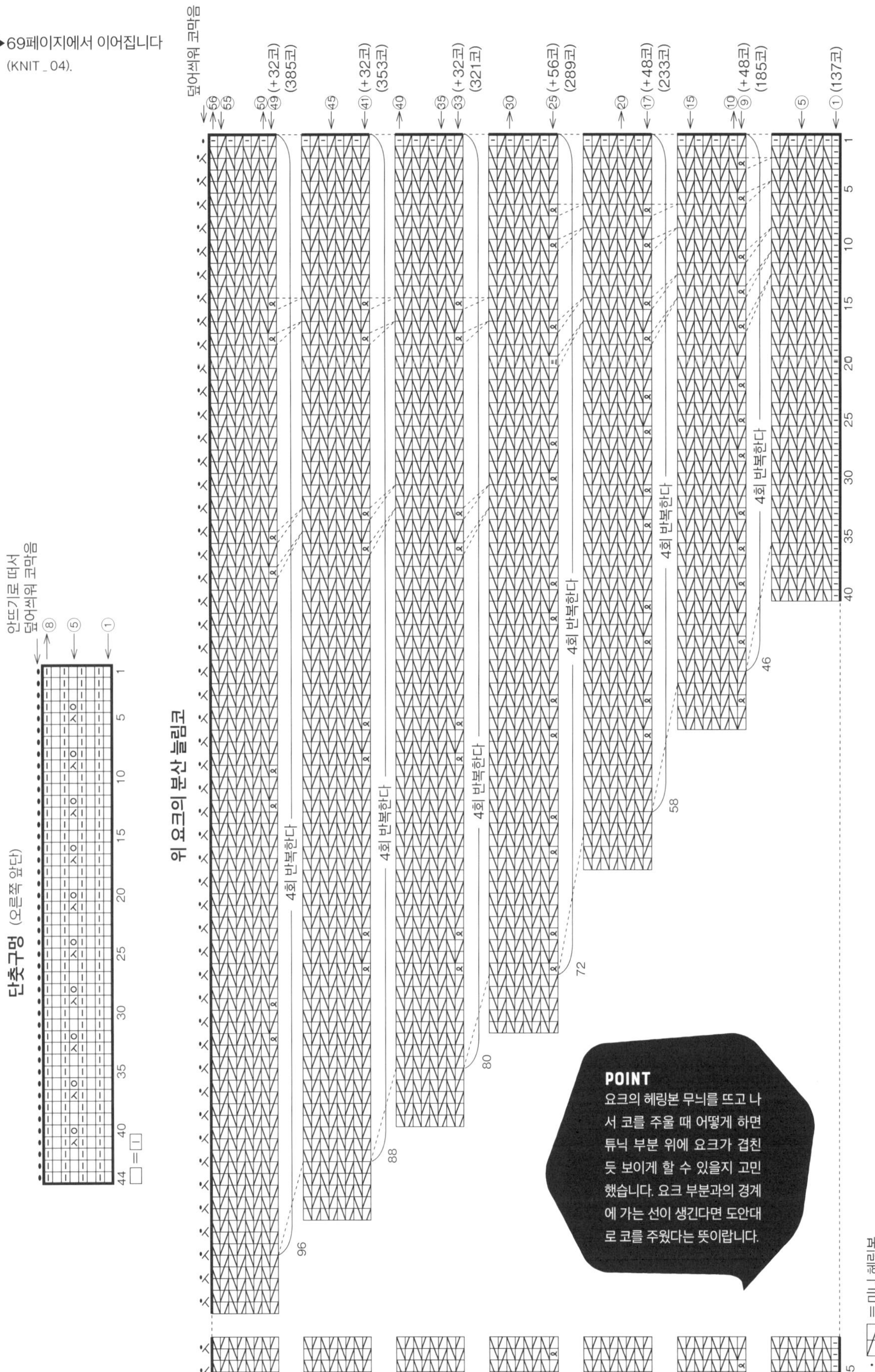

KEY NECK SWEATER

KNIT_07

p.18

YARN
실(M) … 퍼피 브리티시 파인 남색(03) 300g = 12볼, 형광 노랑(86) 80g = 4볼, 파랑(92) 80g = 4볼
실(L) … 퍼피 브리티시 파인 남색(03) 330g = 14볼, 형광 노랑(86) 90g = 4볼, 파랑(92) 90g = 4볼

TOOL
대바늘 5호(US 4호 3.5mm)

SIZE
M … 가슴둘레 120cm, 기장 52cm, 화장 70cm
L … 가슴둘레 126cm, 기장 54cm, 화장 73.5cm

GAUGE(10 × 10CM)
줄무늬 무늬뜨기A 29코 × 60단
무늬뜨기B 25.5코 × 32단

HOW TO
◎몸판·소매 … 몸판은 손가락으로 만드는 기초코로 뜨기 시작하고 2코 고무뜨기, 줄무늬 무늬뜨기A로 뜹니다. 목둘레의 줄임코는 2코 이상은 덮어씌우기, 1코는 끝의 1코를 세우는 줄임코를 합니다. 어깨는 덮어씌워 잇기로 연결합니다. 소매는 몸판에서 지정 콧수를 주워 무늬뜨기B로 뜹니다. 소매 밑의 줄임코는 끝에서 2번째 코와 3번째 코를 2코 모아 안뜨기로 뜹니다. 뜨개 끝은 돌려뜨기는 겉뜨기로, 안뜨기는 안뜨기로 떠서 덮어씌워 코막음합니다.
◎마무리하기 … 옆선, 소매 밑선은 돗바늘로 잇기로 연결합니다. 앞단은 지정한 콧수를 주워 2코 고무뜨기로 뜹니다. 뜨개 끝은 겉뜨기는 겉뜨기로, 안뜨기는 안뜨기로 떠서 덮어씌워 코막음합니다. 앞단 아래쪽은 코와 단 잇기로 몸판과 연결합니다. 목둘레는 앞단과 몸판에서 코를 주워 앞단과 같은 방법으로 뜹니다.

POINT
앞단과 목둘레가 탄탄하면 훨씬 멋지게 완성되니 느슨해지지 않도록 사이즈를 확인하면서 떠주세요.

2코 고무뜨기 (밑단)

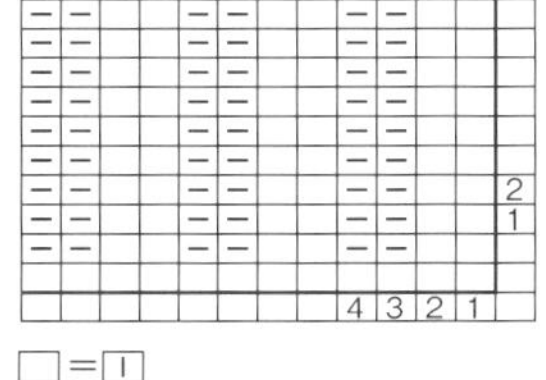

2코 고무뜨기 (앞단, 목둘레)

겉뜨기는 겉뜨기로, 안뜨기는 안뜨기로 떠서 덮어씌워 코막음

2
1
4 3 2 1

□ = ▯

줄무늬 무늬뜨기A

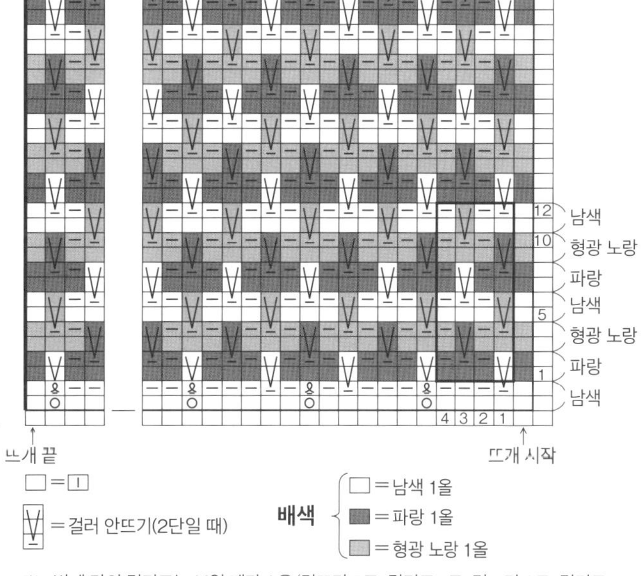

□ = ▯

= 걸러 안뜨기(2단일 때)

배색
□ = 남색 1올
■ = 파랑 1올
▒ = 형광 노랑 1올

※ 1번째 단의 걸기코는 M일 때다. L은 '겉뜨기 5코, 걸기코 1코, 겉뜨기 6코, 걸기코 1코'를 8회, '겉뜨기 5코, 걸기코 1코'를 13회, '나머지 1코를 겉뜨기'로 뜬다.

무늬뜨기B (소매)

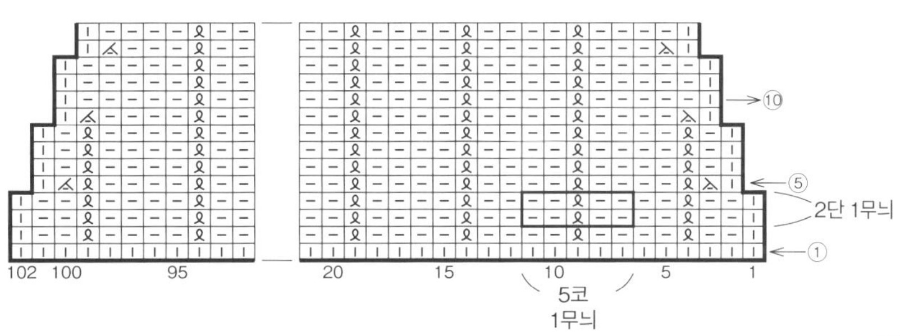

72페이지로 이어집니다. ▶

▶71페이지에서 이어집니다(KNIT _ 07).

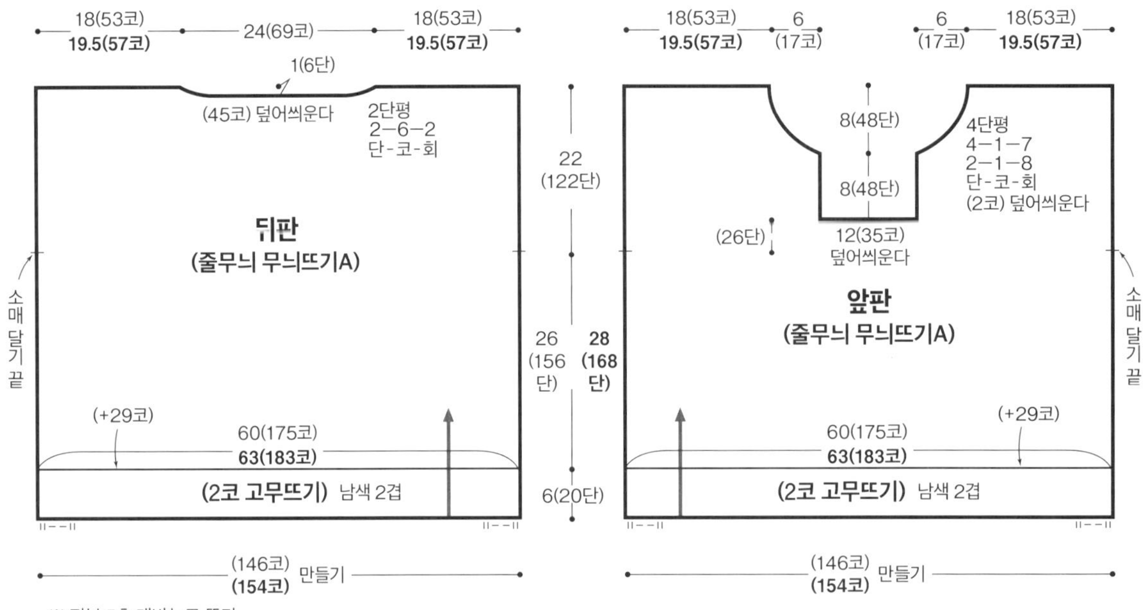

※ 전부 5호 대바늘로 뜬다.

사이즈는 M·L 순으로 표기했고,
하나만 표기한 것은 공통입니다.

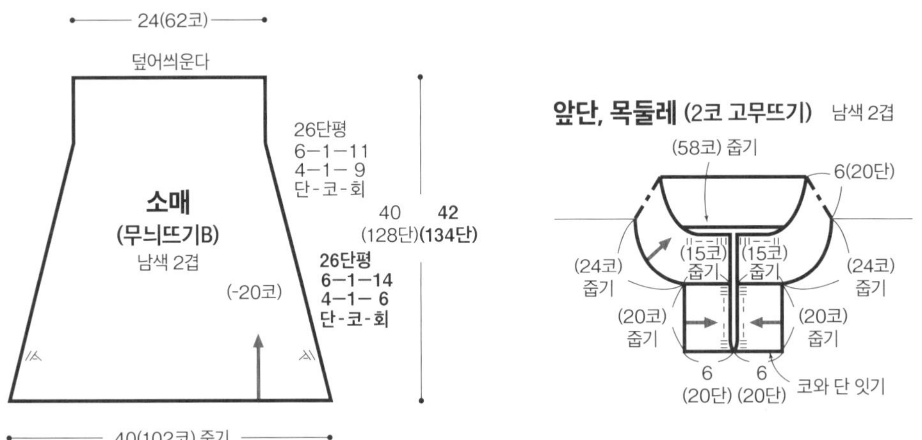

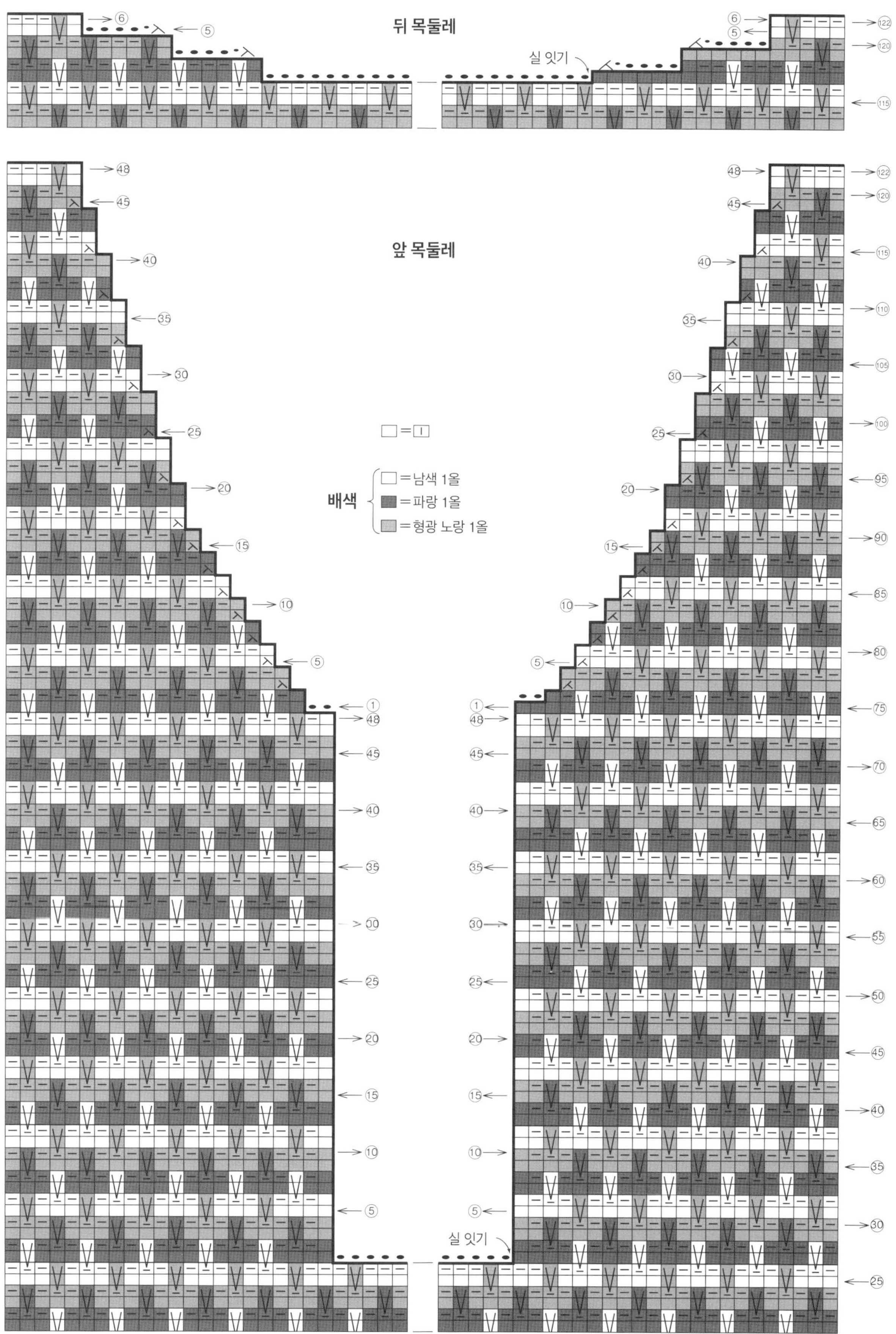
뒤 목둘레
실 잇기
앞 목둘레
배색
=남색 1올
=파랑 1올
=형광 노랑 1올
실 잇기

KNIT_05

P.14

YARN

실(M) … DARUMA 셰틀랜드 울 차콜(9) 350g = 7볼, 미색(1) 100g = 2볼

실(L) … DARUMA 셰틀랜드 울 차콜(9) 370g = 8볼, 미색(1) 110g = 3볼

TOOL

대바늘 6호(US 6호 4.0mm), 5호(US 5호 3.75mm)

SIZE

M … 가슴둘레 130cm, 기장 54.5cm, 화장 63.5cm

L … 가슴둘레 130cm, 기장 57cm, 화장 65.5cm

GAUGE(10 × 10CM)

배색무늬뜨기, 무늬뜨기 25.5코 × 27단

메리야스뜨기 21코 × 28.5단

HOW TO

◎몸판 … 손가락으로 만드는 기초코로 뜨기 시작하고 1코 돌려 고무뜨기, 배색무늬뜨기, 무늬뜨기로 뜹니다. 배색무늬뜨기는 실을 가로로 걸치는 방법으로 뜹니다. 어깨 코는 쉬어두고 목둘레는 돌려뜨기는 겉뜨기로, 안뜨기는 안뜨기로 떠서 덮어씌워 코막음합니다.

◎마무리하기 … 어깨는 덮어씌워 잇기로 연결합니다. 소매는 몸판에서 지정한 콧수를 주워 배색무늬뜨기, 메리야스뜨기, 1코 돌려 고무뜨기로 뜹니다. 소매 밑은 끝의 1코를 세우는 줄임코를 합니다. 뜨개 끝은 목둘레와 같은 방법으로 하고 옆선, 소매 밑선은 돗바늘로 잇기로 연결합니다.

POINT

배색하는 무늬가 1코밖에 되지 않으므로 또렷하게 색이 나오도록 떠 주세요. 프랑스식으로 뜰 때는 포인트 컬러인 미색은 손가락 왼쪽에 걸어 주세요. 오른쪽은 베이스 컬러인 차콜입니다. 몇 코 뜨고 손가락으로 뜨개바탕을 훑듯이 당기면 무늬가 가지런히 정돈됩니다.

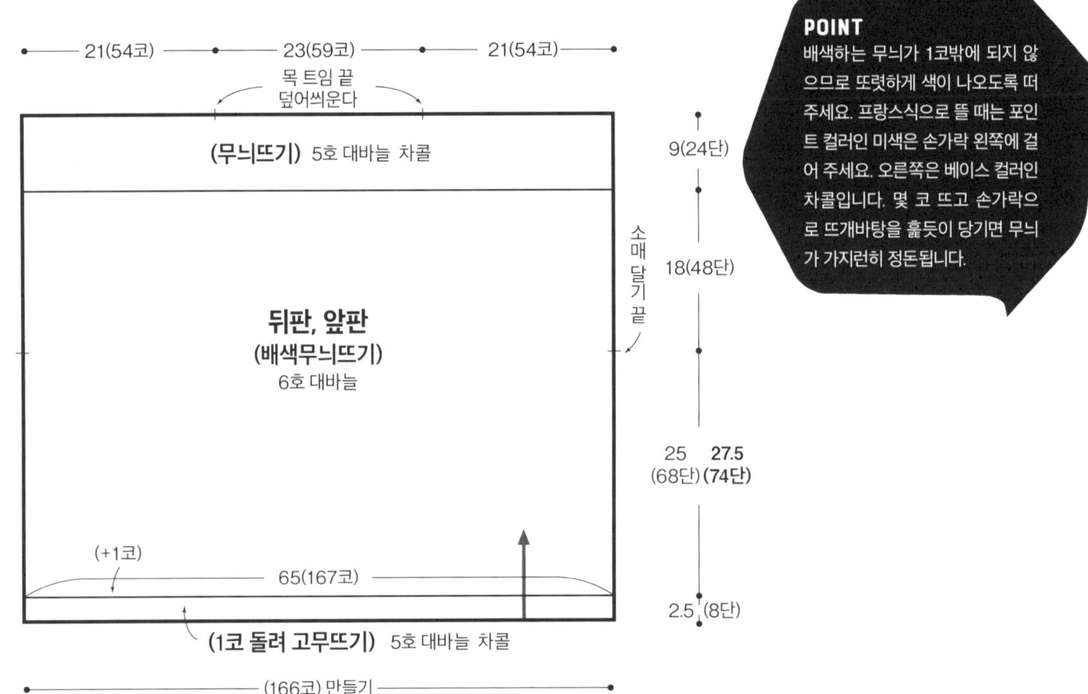

사이즈는 M·L 순으로 표기했고, 하나만 표기한 것은 공통입니다.

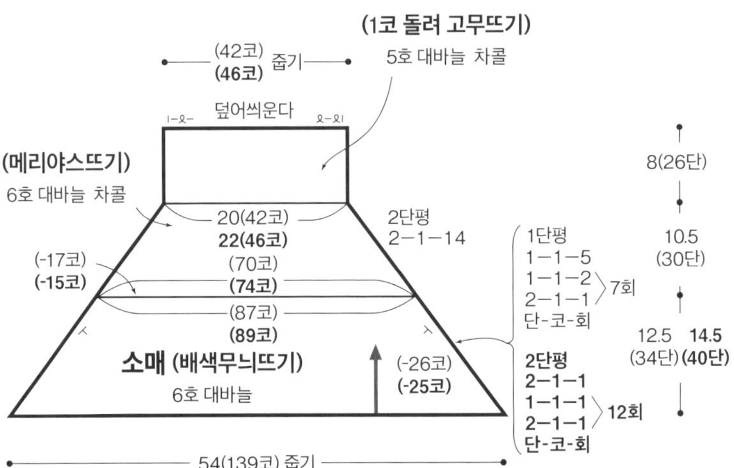

1코 돌려 고무뜨기 (밑단)

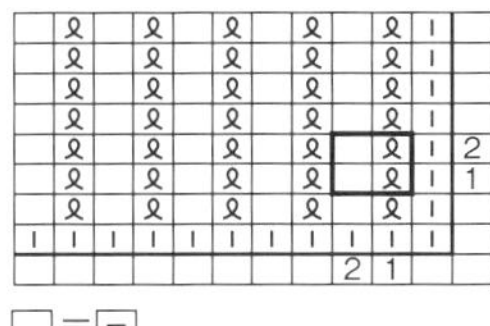

1코 돌려 고무뜨기 (소맷부리)

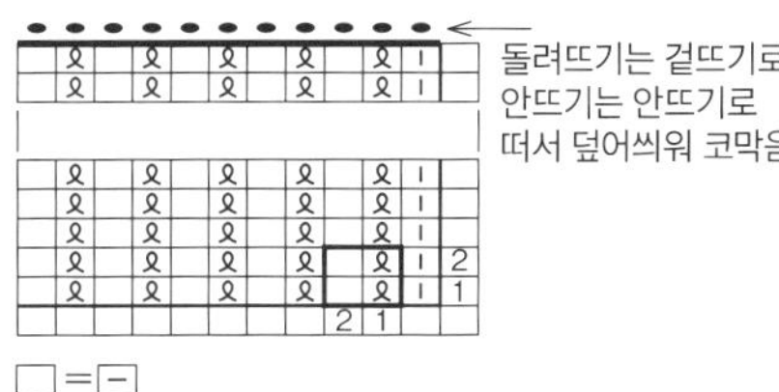

배색무늬뜨기

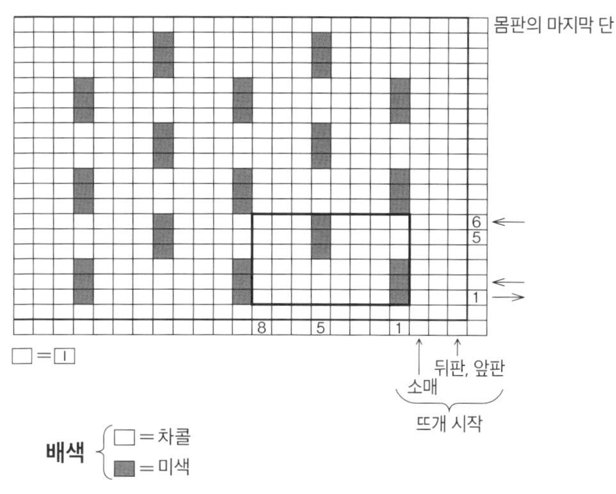

무늬뜨기

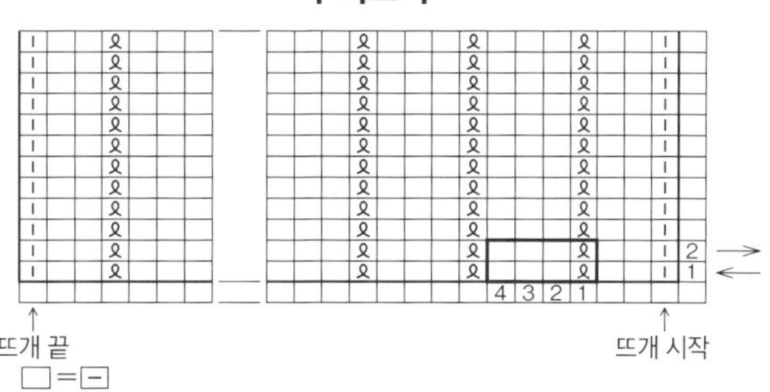

※ 목둘레의 코막음한 코는 실을 연결해 돌려뜨기는 겉뜨기로,
안뜨기는 안뜨기로 떠서 덮어씌워 코막음한다.

매직 루프

이 책에 실린 양말은 '매직 루프'로 뜨는 것을 전제로 하고 있습니다. 매직 루프는 뜨개바탕에 걸린 줄바늘의 코드를 당겨서 원형으로 뜨는 방법입니다. 뜨개바탕에서 남는 여분의 코드를 잡아당겨서 뜨므로 코드 길이보다 작은 원을 뜰 수 있습니다. 60cm 또는 80cm 줄바늘로 코드가 부드러운 제품을 추천합니다.

❶ 손가락으로 만드는 기초코로 필요한 콧수를 뜹니다.

❷ 기초코를 바늘에서 코드 쪽으로 이동시켜 절반으로 나누고, 코와 코 사이에서 코드를 잡아당겨 뺍니다. 각각의 코를 바늘 쪽으로 옮깁니다. 뜨는 실이 달린 쪽을 뒤쪽에 두고, 기초코가 걸려 있는 바늘 2개를 겹칩니다. 즉 겉면이 바깥으로 나오게 합니다. 이때 코가 뒤틀리지는 않았는지 꼭 확인하세요.

❸ 뜨는 실이 2개 바늘 사이에서 나오는 것을 확인하고, 뒤쪽 바늘을 코에서 빼 뜨개 시작 위치에 마커를 끼운 다음 앞쪽 바늘에 걸려 있는 기초코를 뜹니다.

❹ 앞쪽을 다 떴으면 앞뒤를 바꿔 나머지 절반을 뜨는데, 남은 코는 코드에 걸려 있으므로 코드를 왼쪽으로 잡아당겨 코를 바늘 쪽으로 옮깁니다. ❸과 마찬가지로 뒤쪽 바늘을 코에서 빼고, 남은 코를 뜹니다.

❺ 이 과정을 반복합니다.

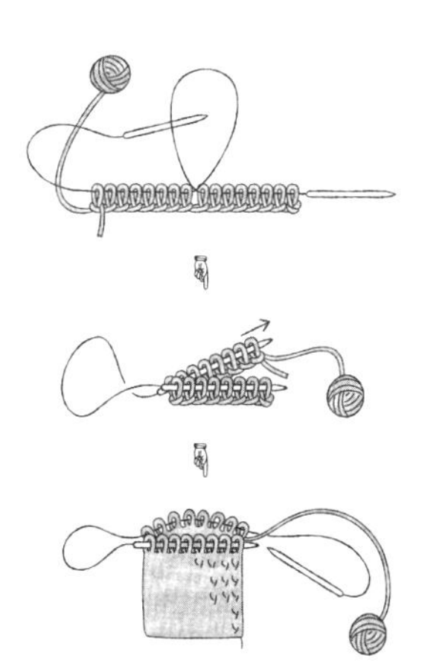

KNIT_06

P.16

Doing nothing often leads to the very best something. Winnie the Pooh

YARN

실(M) … ROWAN(로완) Kidsilk Haze(키드 실크 헤이즈) 겨자색(684) 155g = 7볼, 검은색(599) 5g = 1볼

실(L) … ROWAN(로완) Kidsilk Haze(키드 실크 헤이즈) 겨자색(684) 180g = 8볼, 검은색(599) 5g = 1볼

TOOL

대바늘 11호(US 9호 5.5mm), 8호(US 7호 4.5mm)

SIZE

M … 가슴둘레 108cm, 기장 54.5cm, 화장 69cm

L … 가슴둘레 118cm, 기장 58cm, 화장 73.5cm

GAUGE(10 × 10CM)

메리야스뜨기, 배색무늬뜨기 18코 × 21.5단

HOW TO

◎몸판·소매 … 실은 전부 2겹으로 뜹니다. 독일식 코잡기(→P.38)로 뜨기 시작하고 1코 고무뜨기, 메리야스뜨기, 배색무늬뜨기를 배치해 뜹니다. 배색무늬뜨기는 실을 가로로 걸치는 방법으로 뜹니다. 래글런 선의 줄임코는 끝의 2코를 세우는 줄임코를 합니다. 목둘레의 줄임코는 2코 이상은 덮어씌워 코막음, 1코는 끝의 1코를 세우는 줄임코를 합니다. 소매 밑의 늘림코는 1코 안쪽에서 돌려뜨기 늘림코를 합니다.

◎마무리하기 … 래글런 선, 옆선, 소매 밑선은 돗바늘로 잇기, 겨드랑이 부분의 코는 메리야스 잇기로 연결합니다. 목둘레는 지정한 콧수를 주워 1코 고무뜨기로 뜹니다. 뜨개 끝은 걸기코로 하는 덮어씌워 코막음(→P.40)을 합니다.

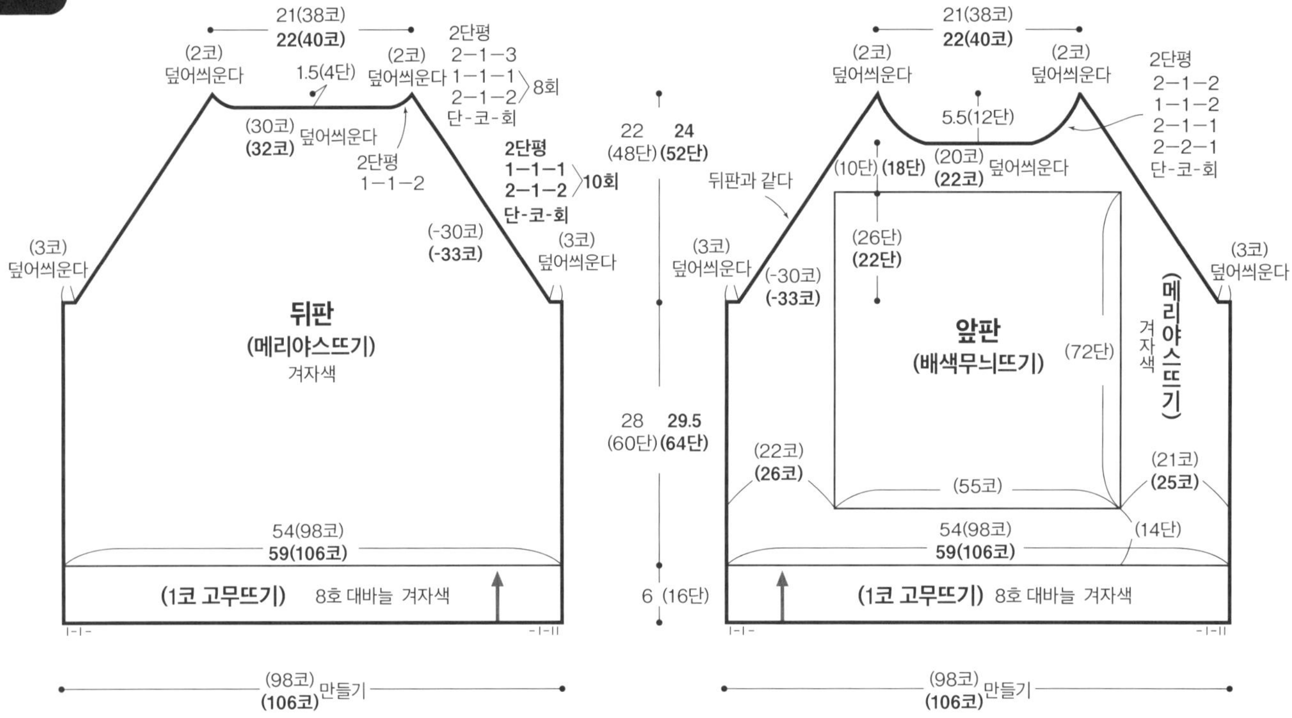

※ 전부 2겹으로 뜬다.
※ 지정하지 않은 것은 11호 대바늘로 뜬다.

사이즈는 M·L 순으로 표기했고, 하나만 표기한 것은 공통입니다.

목둘레 (1코 고무뜨기) 8호 대바늘 겨자색

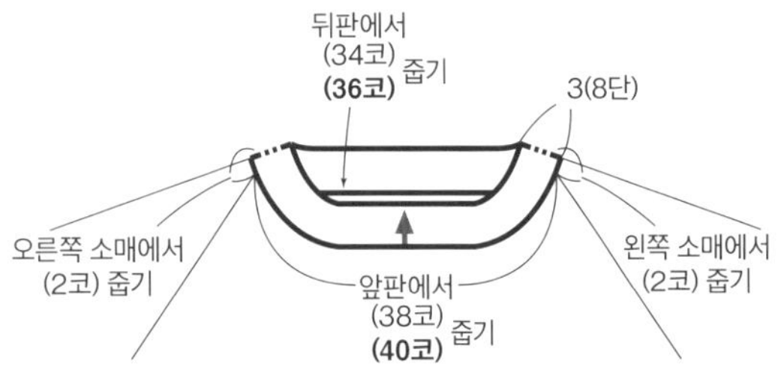

1코 고무뜨기 (목둘레)

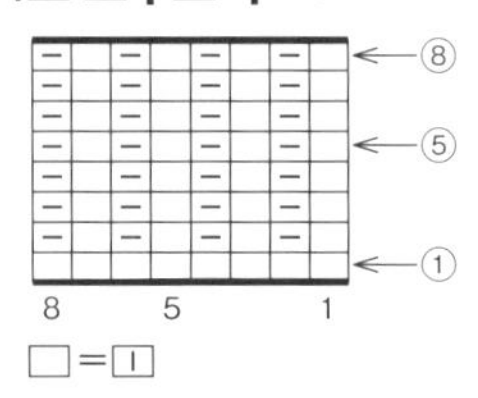

1코 고무뜨기 (밑단, 소맷부리)

POINT

모헤어는 코가 가지런하지 않아도 도드라지지 않으니 처음 배색무늬를 뜰 때 추천하는 스웨터입니다. 울과 달리 신축성이 없으니 빡빡해지지 않게 실을 느슨하게 걸쳐주세요.

78페이지로 이어집니다. ▶

▶ 77페이지에서 이어집니다(KNIT _ 06).

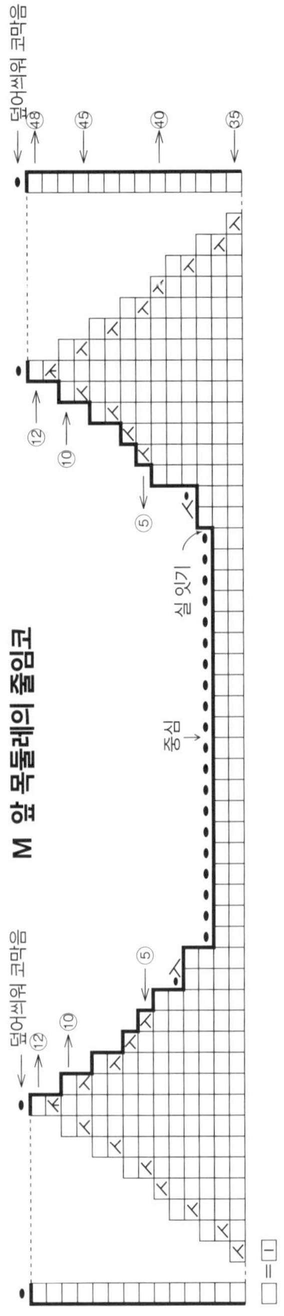

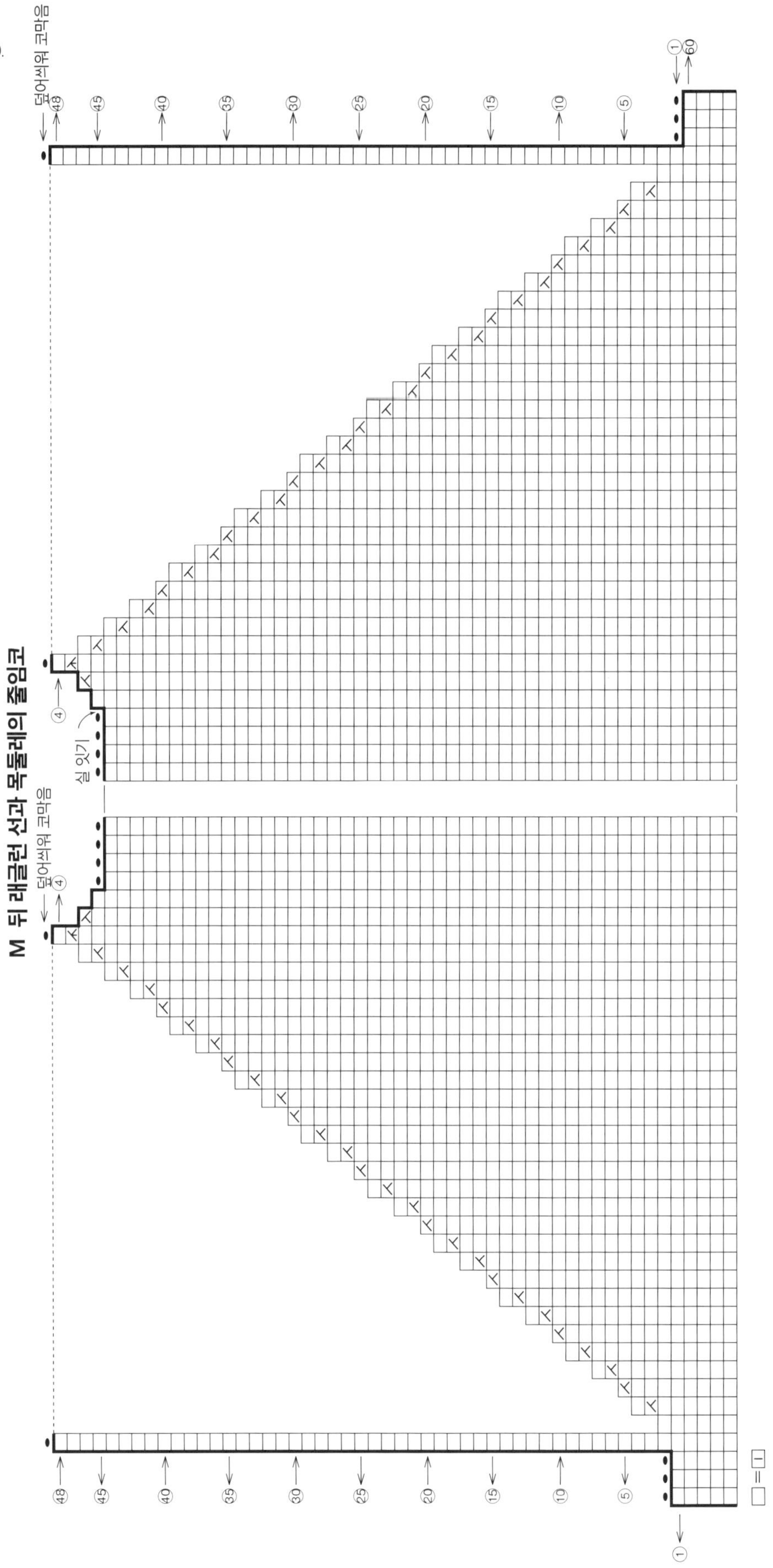

M 앞 목둘레의 줄임코

덮어씌워 코막음

실 잇기

중심

□ = I

M 뒤 래글런 선과 목둘레의 줄임코

덮어씌워 코막음

실 잇기

□ = I

M 소매 래글런 선의 줄임코

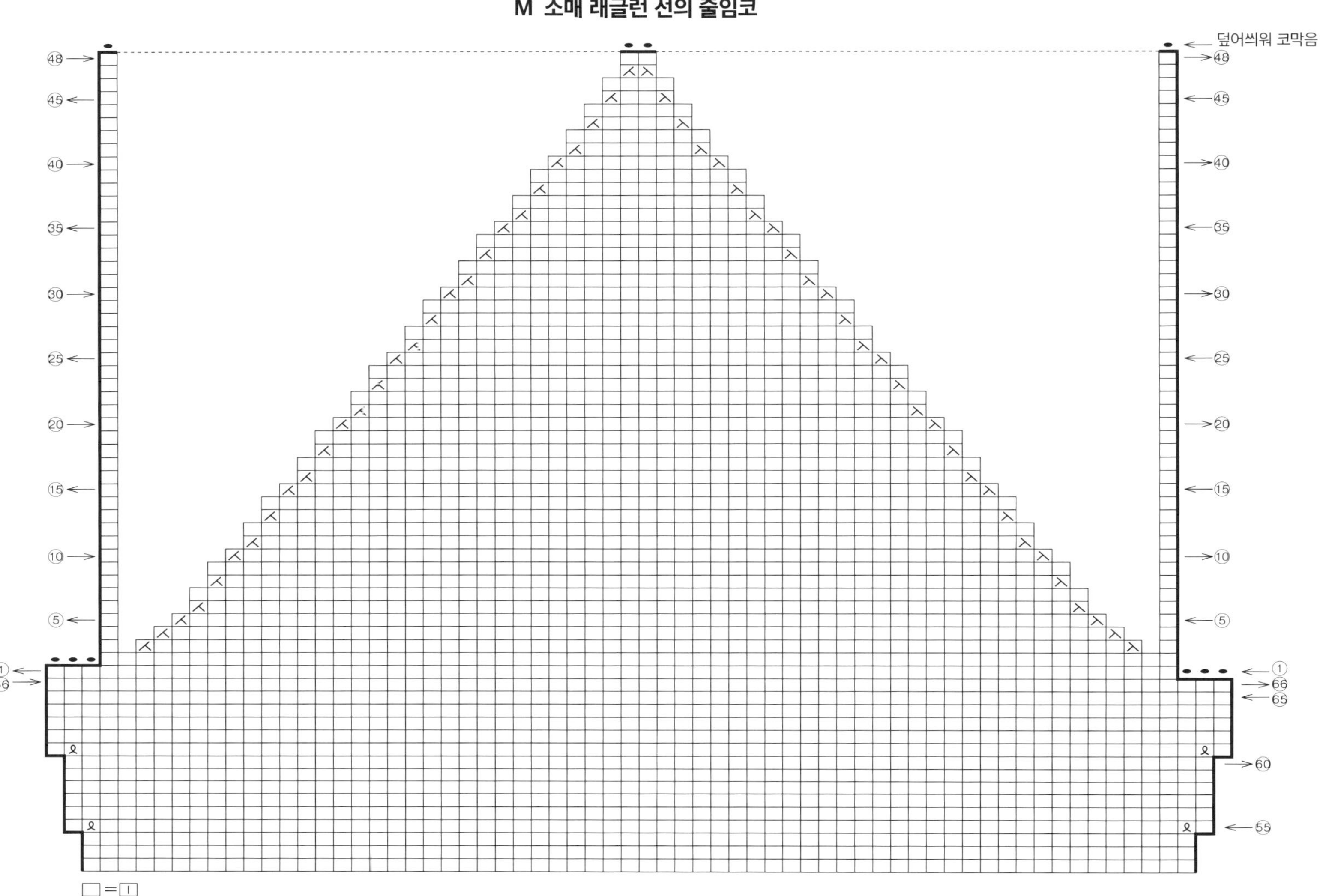

KNIT_08

P.22

YARN
실 A(M→P.22) … WOOL DREAMERS(울 드리머스) MOTA(모타) 미색(Blanco Natural) 440g = 5볼
실 A(L→P.22) … WOOL DREAMERS(울 드리머스) MOTA(모타) 미색(Blanco Natural) 520g = 6볼
실 B(M→P.23) … 퍼피 브리티시 에로이카 샌드 그레이(173) 660g = 14볼
실 B(L→P.23) … 퍼피 브리티시 에로이카 샌드 그레이(173) 770g = 16볼

TOOL
대바늘 8호(US 7호 4.5mm), 6호(US 6호 4.0mm)

SIZE
M … 가슴둘레 118cm, 기장 52.5cm, 화장 29.5cm
L … 가슴둘레 124cm, 기장 57.5cm, 화장 31cm

GAUGE(10 × 10CM)
무늬뜨기A 27코 × 30단, 무늬뜨기B 25.5코 × 31단, 무늬뜨기C 28코 × 29.5단

HOW TO
◎몸판 … 손가락으로 만드는 기초코로 뜨기 시작하고 무늬뜨기A·B·C, 가터뜨기로 뜹니다. 겨드랑이까지 떴으면 진동둘레의 접어 넣는 부분을 감아코로 코를 늘립니다. 목둘레 줄임코는 2코 이상은 덮어씌우기, 1코는 끝의 1코를 세우는 줄임코를 합니다. 어깨 경사는 되돌아뜨기합니다.
◎마무리하기 … 어깨는 덮어씌워 잇기로 연결하고, 옆선은 돗바늘로 잇기를 합니다. 목둘레는 지정한 콧수를 주워 1코 고무뜨기로 원통뜨기합니다. 뜨개 끝은 겉뜨기는 겉뜨기로, 안뜨기는 안뜨기로 떠서 덮어씌워 코막음합니다. 진동둘레를 안쪽으로 접고 안쪽에서 바느질해 고정합니다.

무늬뜨기A

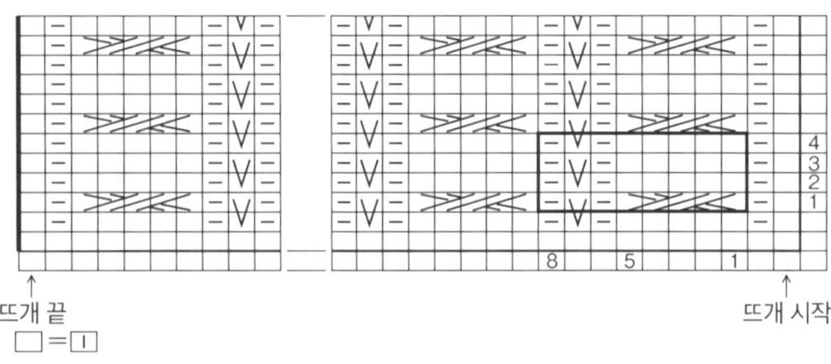

무늬뜨기C

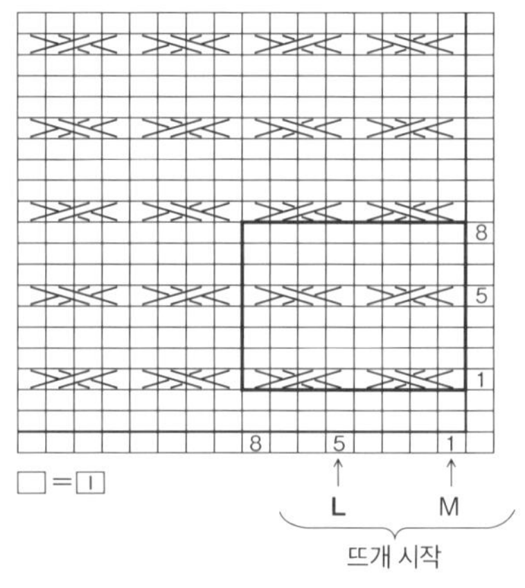

무늬뜨기B

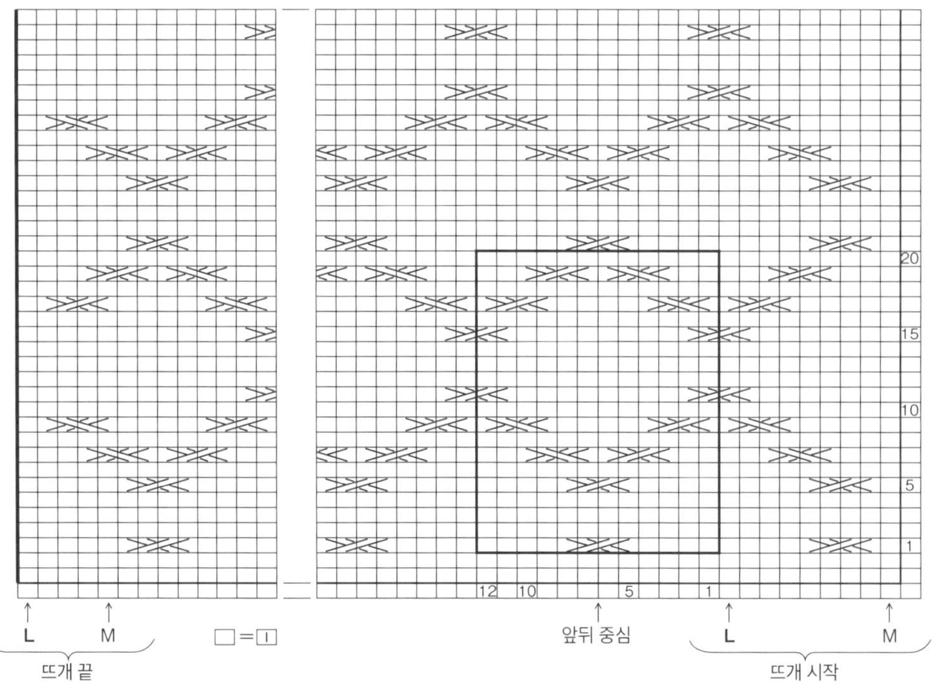

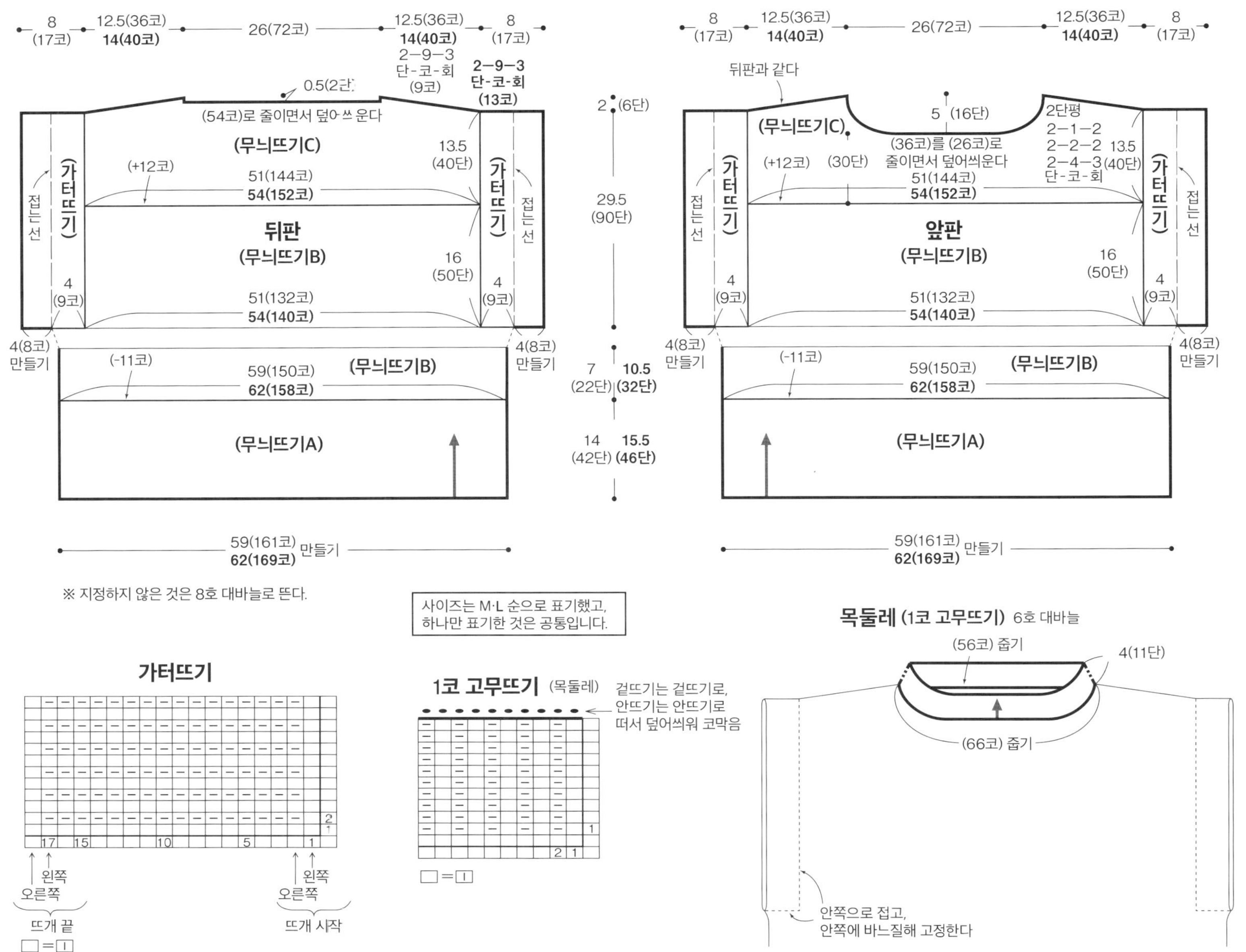

82페이지로 이어집니다. ▶

▶ 81페이지에서 이어집니다(KNIT _ 08).

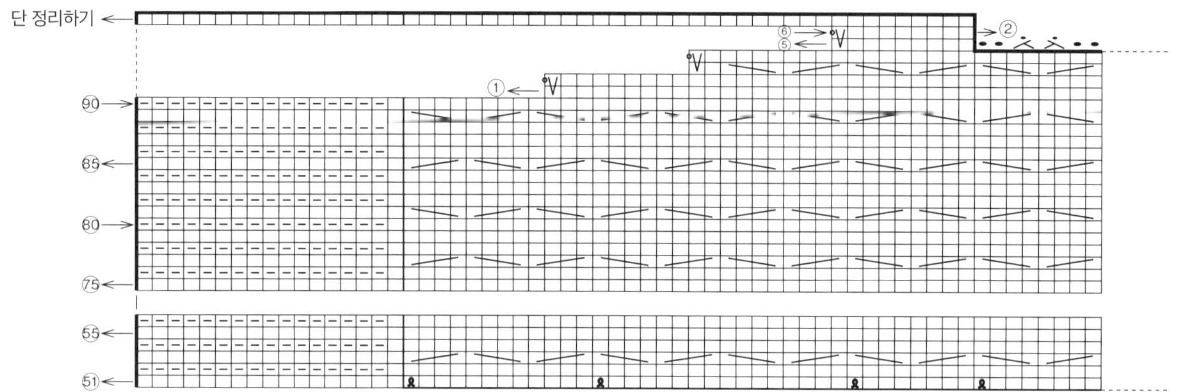

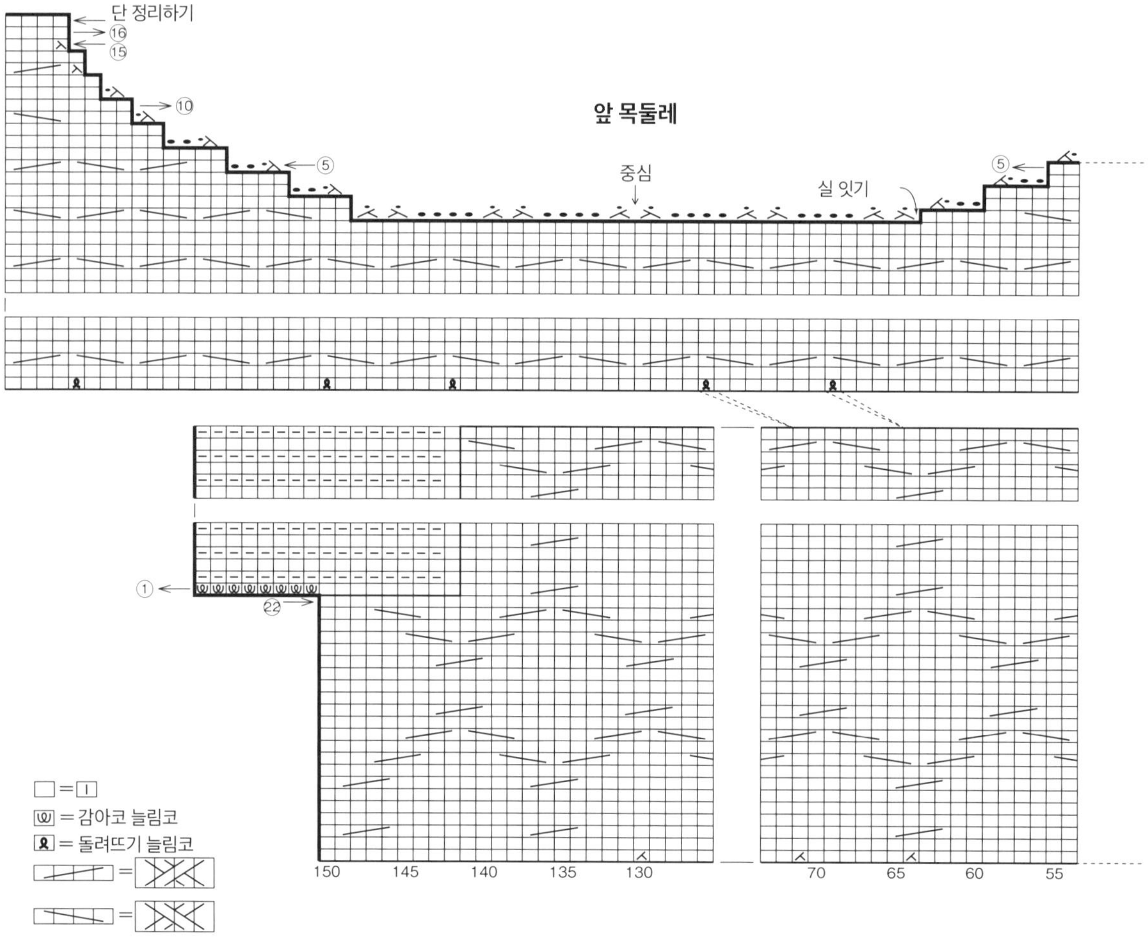

단 정리하기
⑯
⑮
⑩
⑤

앞 목둘레

중심

실 잇기

⑤

①

㉒

150 145 140 135 130 70 65 60 55

□ = Ⅰ

= 감아코 늘림코

= 돌려뜨기 늘림코

POINT
진동둘레의 가터뜨기는 살짝 느슨하게 바느질하면 예쁘게 완성할 수 있습니다. 지정한 실인 MOTA는 마무리로 선세탁을 하면 아란 무늬도 또렷해지고 감촉도 폭신폭신 부드럽게 변한답니다.

뒤 목둘레

중심

실 잇기

②

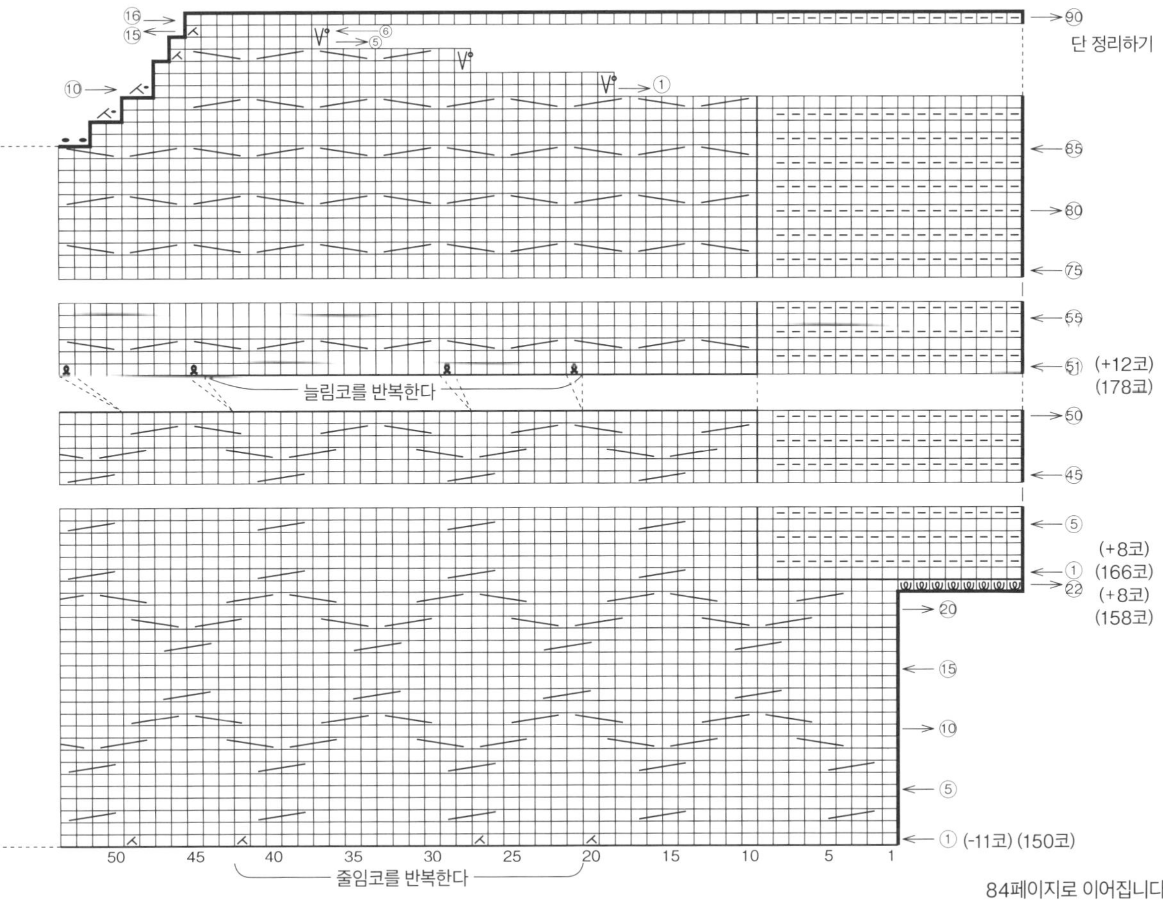

84페이지로 이어집니다. ▶

▶ 83페이지에서 이어집니다(KNIT _ 08).

L

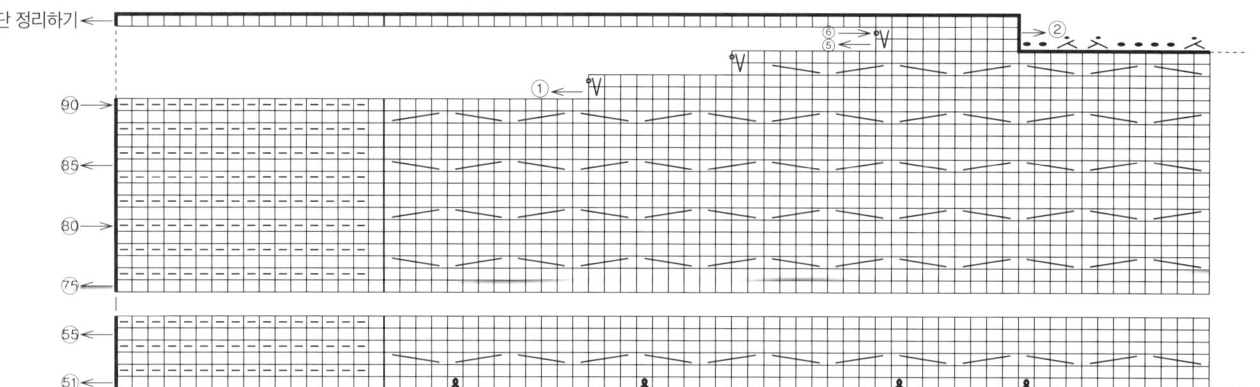

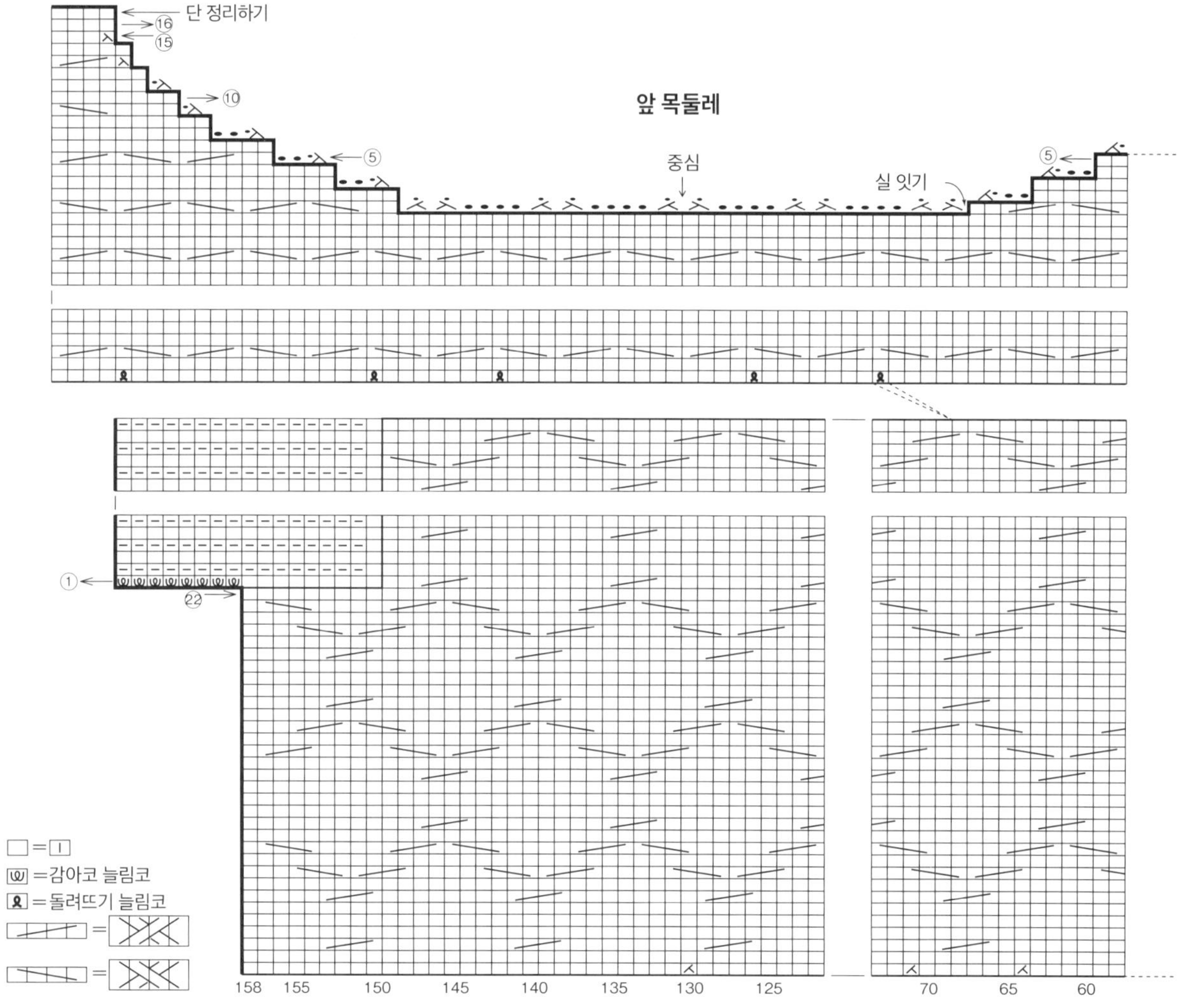

단 정리하기
⑯
⑮
⑩
⑤

앞 목둘레

중심

실 잇기

⑤

①

㉒

158 155 150 145 140 135 130 125

70 65 60

□=□

=감아코 늘림코

=돌려뜨기 늘림코

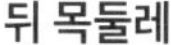

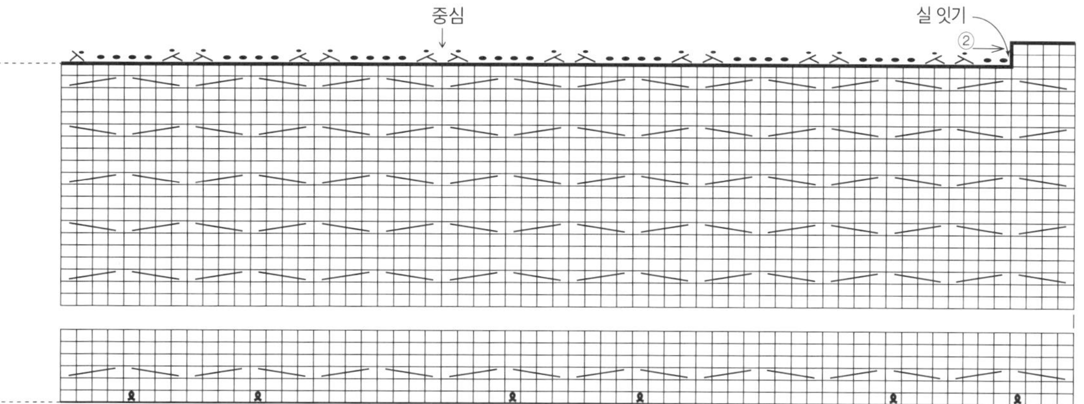

뒤 목둘레

중심
실 잇기
②

⑯
⑮
⑩
⑥
⑤
①
90
단 정리하기
85
80
75
55
51 (+12코)
(186코)
늘림코를 반복한다
50
45
5
① (+8코)
(174코)
32 (+8코)
(166코)
30
25
20
15
10
5
① (-11코) (158코)
55
50
45
40
35
30
25
20
15
10
5
1
줄임코를 반복한다

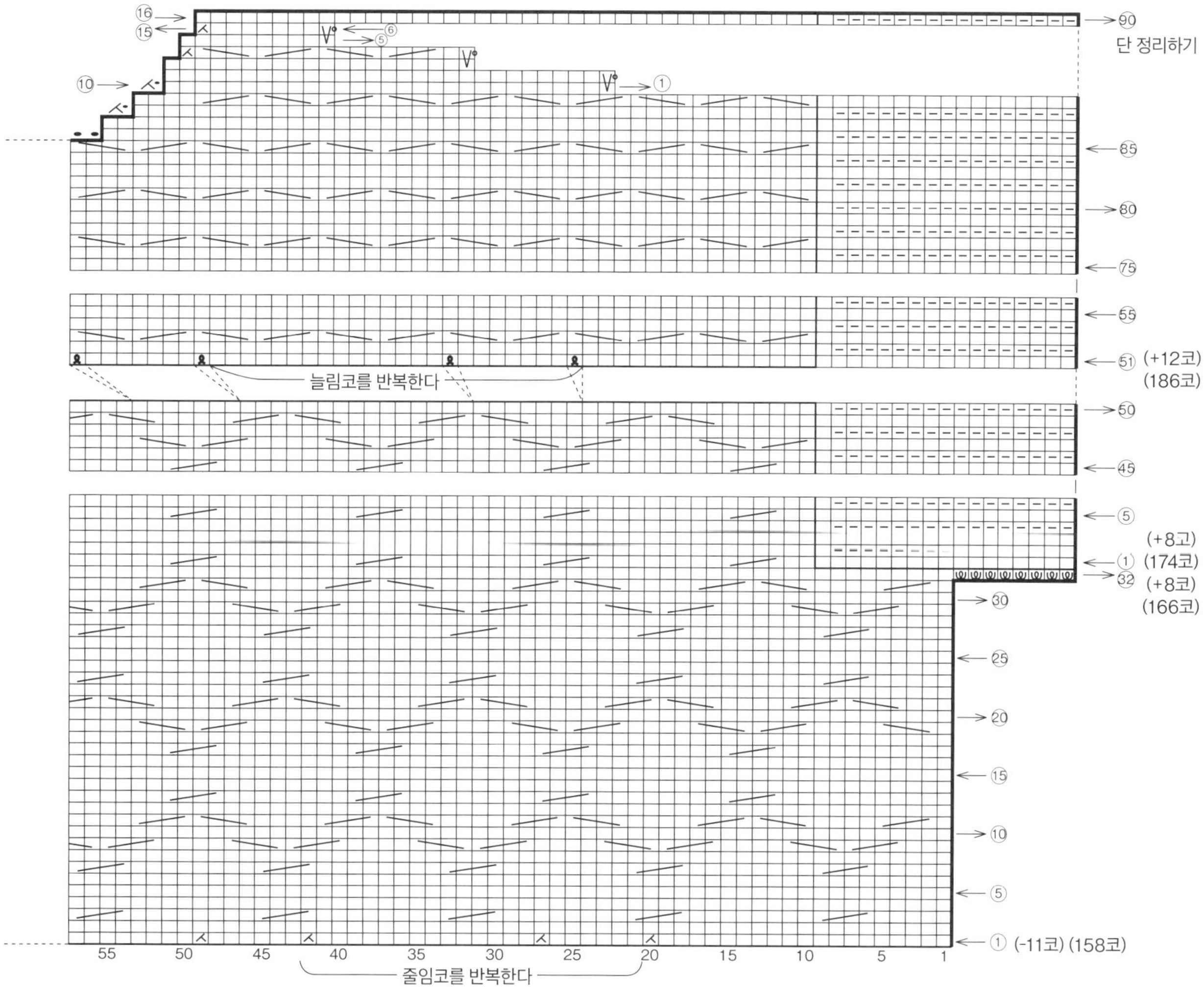

KNIT_09

☞ P.24

YARN

실 A(M→P.24) … WOOL DREAMERS(울 드리머스) La Rinconada(린코나다) 고동색(Cacao) 430g = 5타래

실 A(L→P.24) … WOOL DREAMERS(울 드리머스) La Rinconada(린코나다) 고동색(Cacao) 520g = 6타래

실 B(M→P.25) … 퍼피 미니 스포트 초록색(726) 690g = 14볼

실 B(L→P.25) … 퍼피 미니 스포트 초록색(726) 830g = 17볼

단추 … 지름 20mm × 4개

TOOL

대바늘 8호(US 7호 4.5mm), 6호(US 6호 4.0mm)

SIZE

M … 가슴둘레 106.5cm, 어깨너비 36cm, 기장 56.5cm, 소매 길이 57cm

L … 가슴둘레 116.5cm, 어깨너비 40cm, 기장 62.5cm, 소매 길이 58.5cm

GAUGE(10 × 10CM)

안메리야스뜨기 '실 A' 19코 × 29단

안메리야스뜨기 '실 B' 19코 × 27단

HOW TO

◎몸판·소매 … 별도사슬로 기초코를 만들어 뜨기 시작하고, 안메리야스뜨기로 뜹니다. 앞 밑단의 늘림코는 감아코 늘림코로 합니다. 줄임코는 2코 이상은 덮어씌우기, 1코는 끝의 1코를 세우는 줄임코를 합니다. 어깨 경사는 랩 & 턴(→P.44)으로 뜹니다. 소매 밑의 늘림코는 1코 안쪽에서 돌려뜨기 늘림코를 합니다. 뒤 밑단, 앞 밑단·앞단, 소맷부리는 기초코를 풀어서 코를 줍고, 1코 고무뜨기로 오른쪽 앞단에 단춧구멍을 만들며 뜹니다. 뜨개 끝은 겉뜨기는 겉뜨기로, 안뜨기는 안뜨기로 덮어씌워 코막음합니다.

◎마무리하기 … 어깨는 덮어씌워 잇기로, 옆선과 소매 밑선은 돗바늘로 잇기를 합니다. 목둘레는 앞단과 몸판에서 코를 주워 1코 고무뜨기로 뜹니다. 뜨개 끝은 밑단과 같은 방법으로 합니다. 주머니는 손가락으로 만드는 기초코로 뜨기 시작하고, 안메리야스뜨기로 뜹니다. 뜨개 끝은 덮어씌워 코막음하고, 안쪽으로 접어 바느질해 고정합니다. 오른쪽 앞판의 지정 위치에 메리야스 잇기와 돗바늘로 잇기로 주머니를 붙입니다. 소매는 빼뜨기로 꿰매어 몸판과 합치고, 단추를 달아 완성합니다.

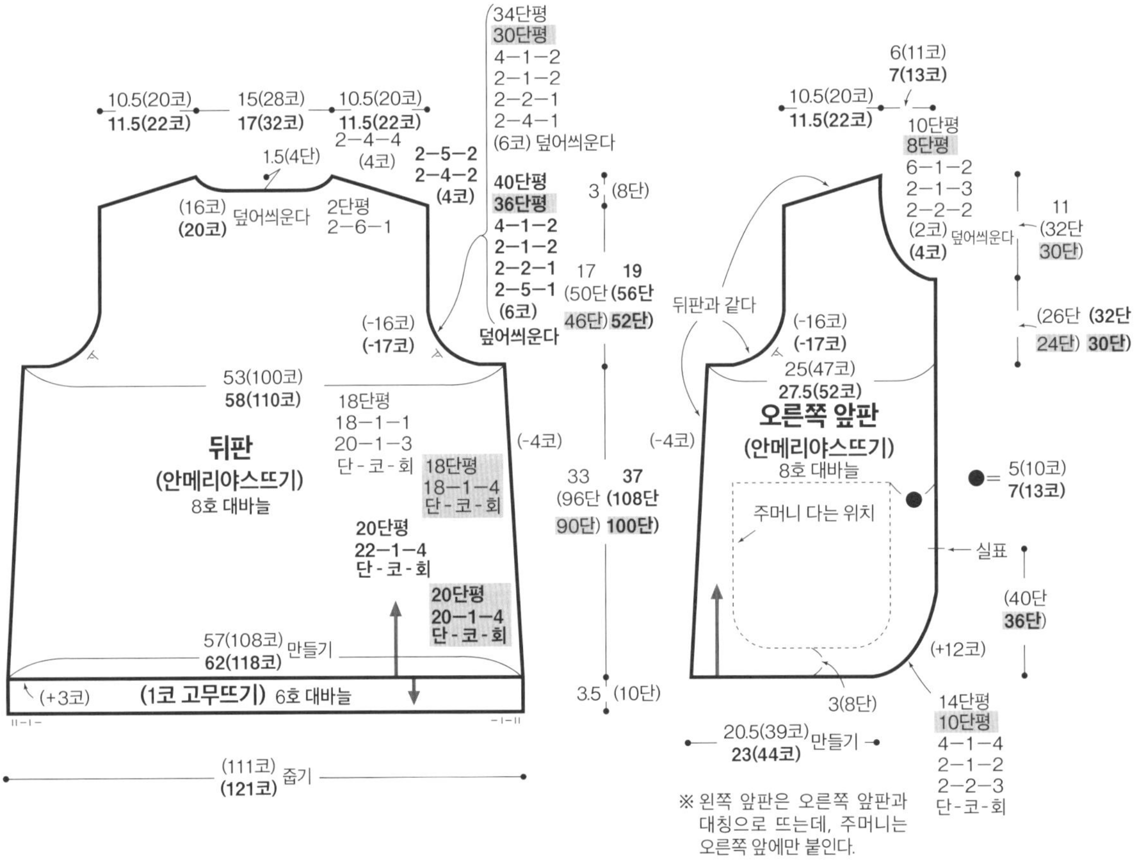

※ 왼쪽 앞판은 오른쪽 앞판과 대칭으로 뜨는데, 주머니는 오른쪽 앞에만 붙인다.

사이즈는 M·L 순으로 표기했습니다.
▒ 는 B실이고,
하나만 표기한 것은 공통입니다.

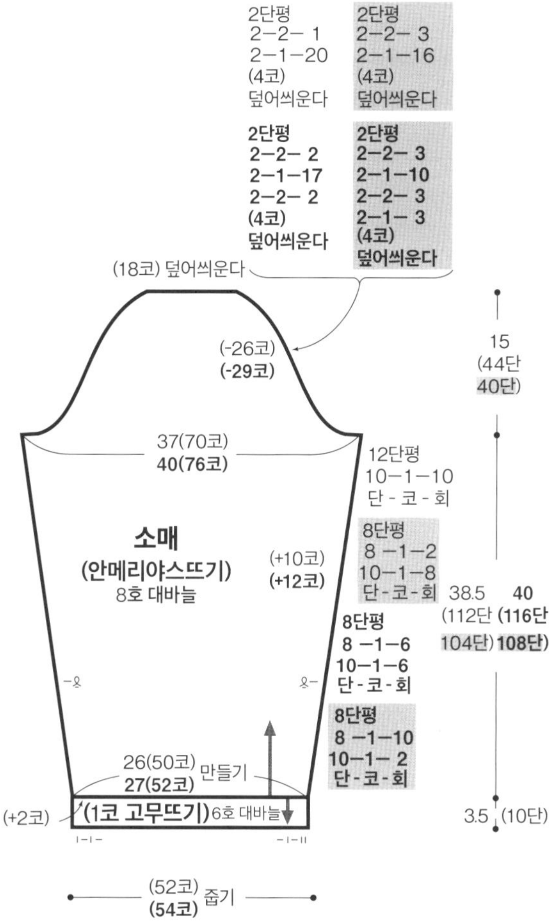

2단평
2-2- 1
2-1-20
(4코)
덮어씌운다
2단평
2-2- 3
2-1-16
(4코)
덮어씌운다
2단평
2-2- 2
2-1-17
2-2- 2
(4코)
덮어씌운다
2단평
2-2- 3
2-1-10
2-2- 3
2-1- 3
(4코)
덮어씌운다
(18코) 덮어씌운다
(-26코)
(-29코)
15
(44단
40단)
37(70코)
40(76코)
12단평
10-1-10
단 - 코 - 회
소매
(안메리야스뜨기)
8호 대바늘
(+10코)
(+12코)
8단평
8 -1-2
10-1-8
단-코-회
38.5 40
(112단 (116단
104단) 108단)
8단평
8 -1-6
10-1-6
단-코-회
8단평
8 -1-10
10-1- 2
단-코-회
26(50코)
27(52코)
만들기
(+2코)
(1코 고무뜨기) 6호 대바늘
3.5 (10단)
(52코)
(54코)
줍기

POINT

WOOL DREAMERS의 La Rinconada는 꼭 선세탁을 했으면 하는 실입니다. 물로 선세탁을 하면 양모의 라놀린이 빠져서 작품을 매우 부드럽고 폭신하게 완성할 수 있고, 입었을 때 느낌도 훨씬 좋아집니다!

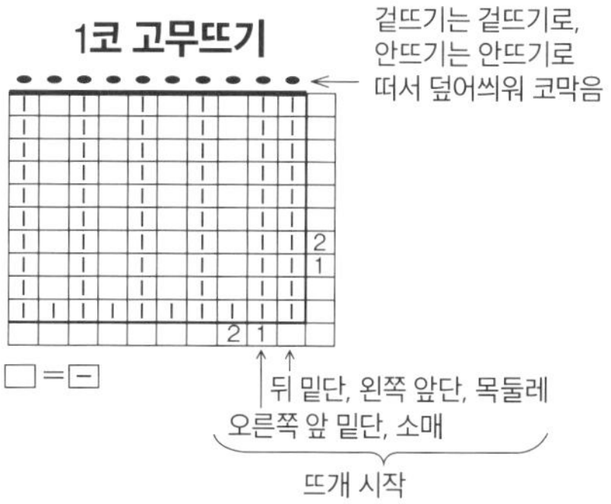

1코 고무뜨기
겉뜨기는 겉뜨기로,
안뜨기는 안뜨기로
떠서 덮어씌워 코막음
2
1
2 1
□=⊟
뒤 밑단, 왼쪽 앞단, 목둘레
오른쪽 앞 밑단, 소매
뜨개 시작

앞 밑단의 늘림코
30
25
20
15
10
5
1
오른쪽 앞 밑단
왼쪽 앞 밑단
□=⊟
=감아코 늘림코
5
1
39
44
35
40

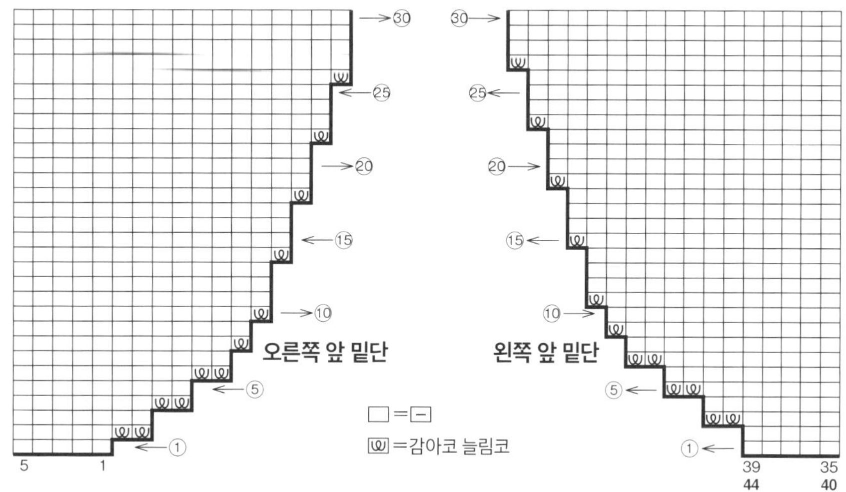

88페이지로 이어집니다. ▶

▶ 87페이지에서 이어집니다(KNIT _ 09).

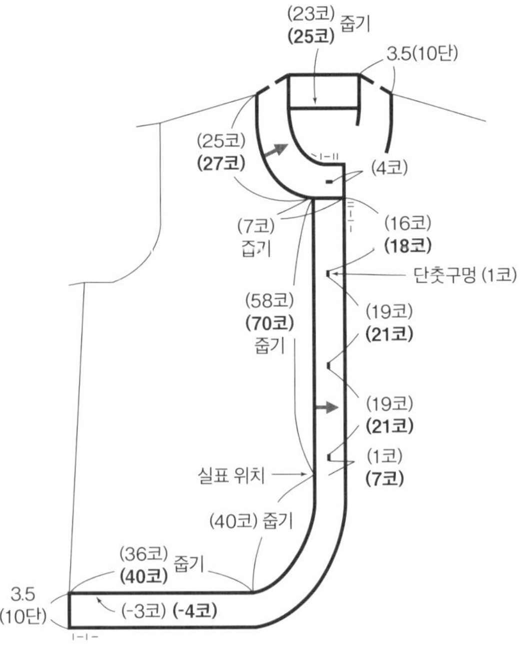

※ 단춧구멍은 오른쪽 앞단에만 만든다.

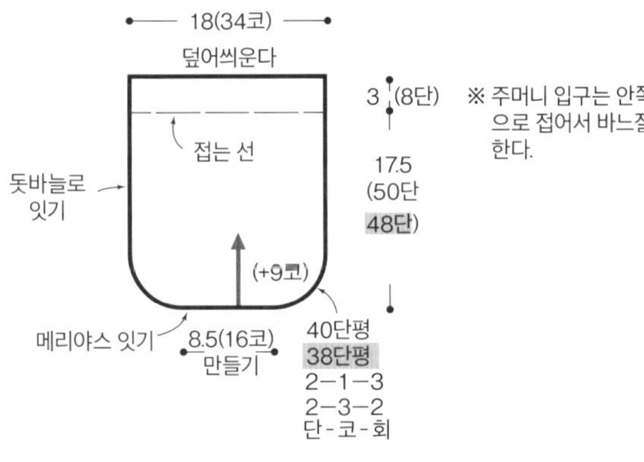

※ 주머니 입구는 안쪽으로 접어서 바느질한다.

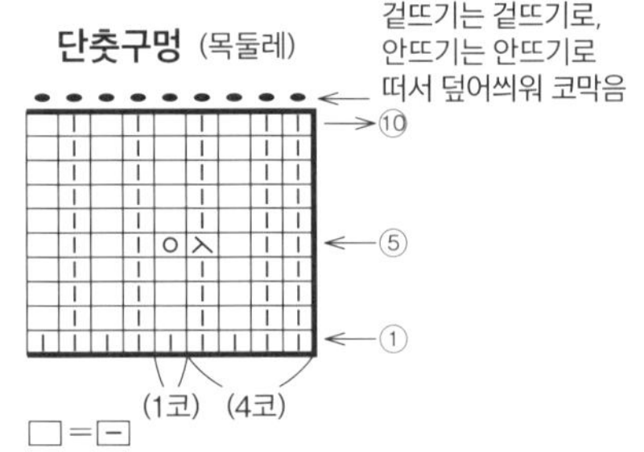

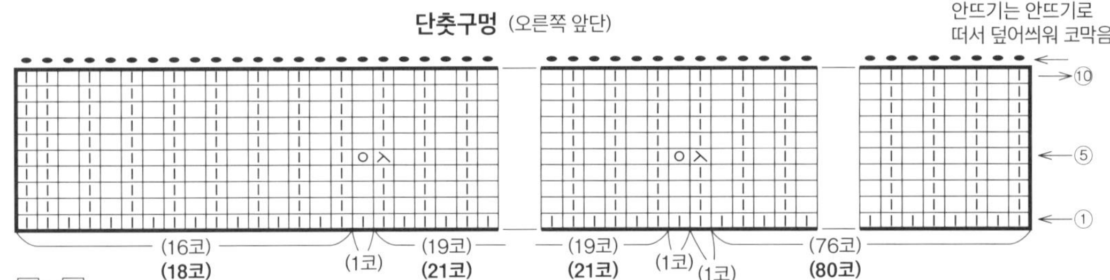

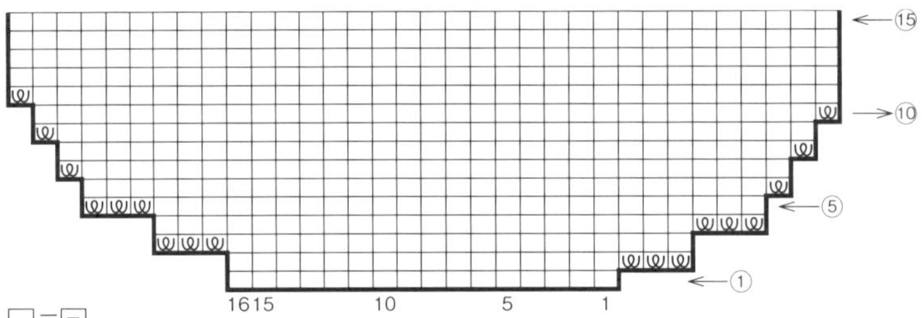

KNIT_13

DIAMOND CAP

P.32

YARN

실(M→P.33) … ROWAN(로완) Big Wool(빅 울) Blue velvet(026) 100g = 1볼

실(L→P.32) … ROWAN(로완) Big Wool(빅 울) Citron(091) 110g = 2볼

대체실(M) … 퍼피 풀리(puli) 160g = 4볼

대체실(L) … 퍼피 풀리(puli) 200g = 4볼

TOOL

M … 대바늘 8mm(US 11호)

L … 대바늘 9mm(US 13호)

SIZE

M … 머리둘레 50cm, 높이 20cm

L … 머리둘레 52cm, 높이 21cm

GAUGE(10 × 10CM)

M … 무늬뜨기 13코 × 18단

L … 무늬뜨기 12.5코 × 17단

HOW TO

◎손가락으로 만드는 기초코로 뜨기 시작하고 2코 고무뜨기, 무늬뜨기로 원통뜨기합니다. 분산 줄임코는 그림을 참조합니다. 뜨개 끝은 마지막 단의 코에 1코 걸러 1코씩 실을 2회로 나눠 통과시켜 조입니다.

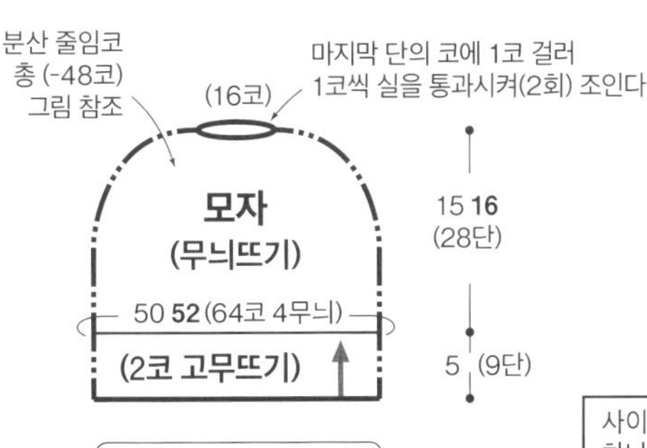

사이즈는 M·L 순으로 표기했고,
하나만 표기한 것은 공통입니다.

POINT

다이아몬드 무늬의 교차 방향이 각각 미묘하게 다르므로 뜨개도안에 형광펜으로 '오른코 교차뜨기만 표시'하는 등 구별해두면 알아보기 쉬워요.

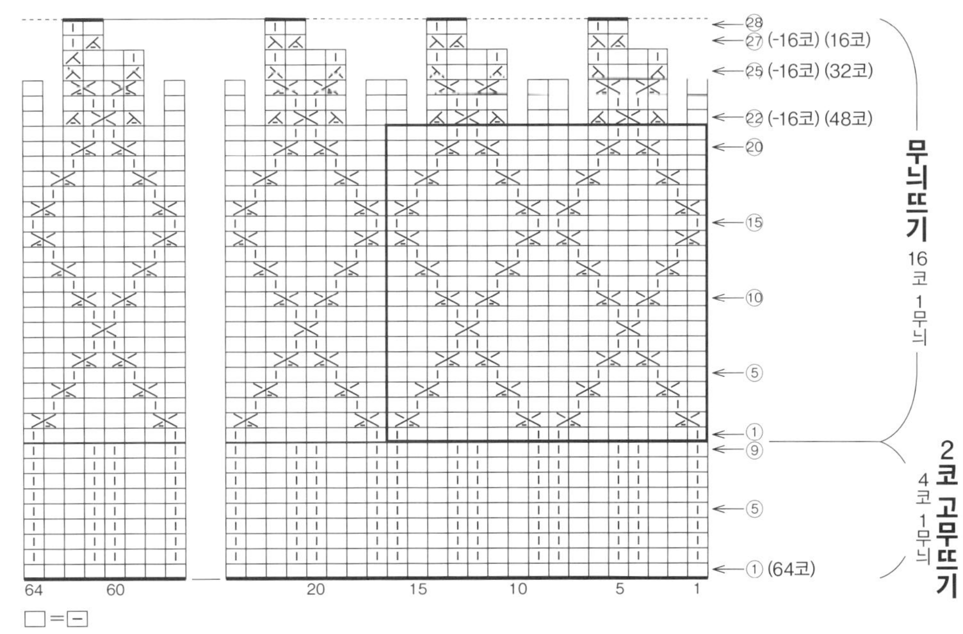

KNIT_10

P.26

YARN

실(M) … DARUMA 울 모헤어 레몬색(13) 290g = 15볼, 포클랜드 울 미색(1) 95g = 2볼

실(L) … DARUMA 울 모헤어 레몬색(13) 320g = 16볼, 포클랜드 울 미색(1) 100g = 2볼

단추 … 지름 20mm × 6개

TOOL

대바늘 11호(US 9호 5.5mm), 8호(US 7호 4.5mm)

SIZE

M … 가슴둘레 122cm, 기장 66cm, 화장 77cm

L … 가슴둘레 128cm, 기장 71cm, 화장 78.5cm

GAUGE(10 × 10CM)

메리야스뜨기 15코 × 20단

HOW TO

◎주머니 안쪽·몸판 … 주머니 안쪽은 손가락으로 만드는 기초코로 메리야스뜨기로 뜨고, 뜨개 끝은 코를 쉬어둡니다. 몸판은 주머니 안쪽과 같은 방법으로 2코 고무뜨기, 메리야스뜨기로 뜹니다. 주머니 입구는 2코 고무뜨기의 6번째 단에서 24코를 겉뜨기는 겉뜨기로, 안뜨기는 안뜨기로 떠서 덮어씌워 코막음하고, 다음 메리야스뜨기 1번째 단에서 주머니 안쪽의 쉼코를 주워서 뜹니다. 어깨 경사는 랩 & 턴(→P.44)으로 뜹니다. 목둘레 줄임코는 2코 이상은 덮어씌우기, 1코는 끝의 1코를 세워 줄입니다.

◎마무리하기 … 어깨는 덮어씌워 잇기로 연결하고 소매는 몸판에서 코를 주워 2코 고무뜨기, 메리야스뜨기로 뜹니다. 뜨개 끝은 겉뜨기는 겉뜨기로, 안뜨기는 안뜨기로 잇고 옆선, 소매 밑선은 돗바늘로 잇기로 연결합니다. 목둘레는 지정 콧수를 주워 1코 고무뜨기로 하고, 뜨개 끝은 소맷부리와 같은 방법으로 합니다. 앞단은 몸판과 목둘레에서 코를 주워 2코 고무뜨기로 하고, 뜨개 끝은 소맷부리와 같은 방법으로 합니다. 주머니 안쪽을 몸판에 감침질하고, 단추를 달아 완성합니다.

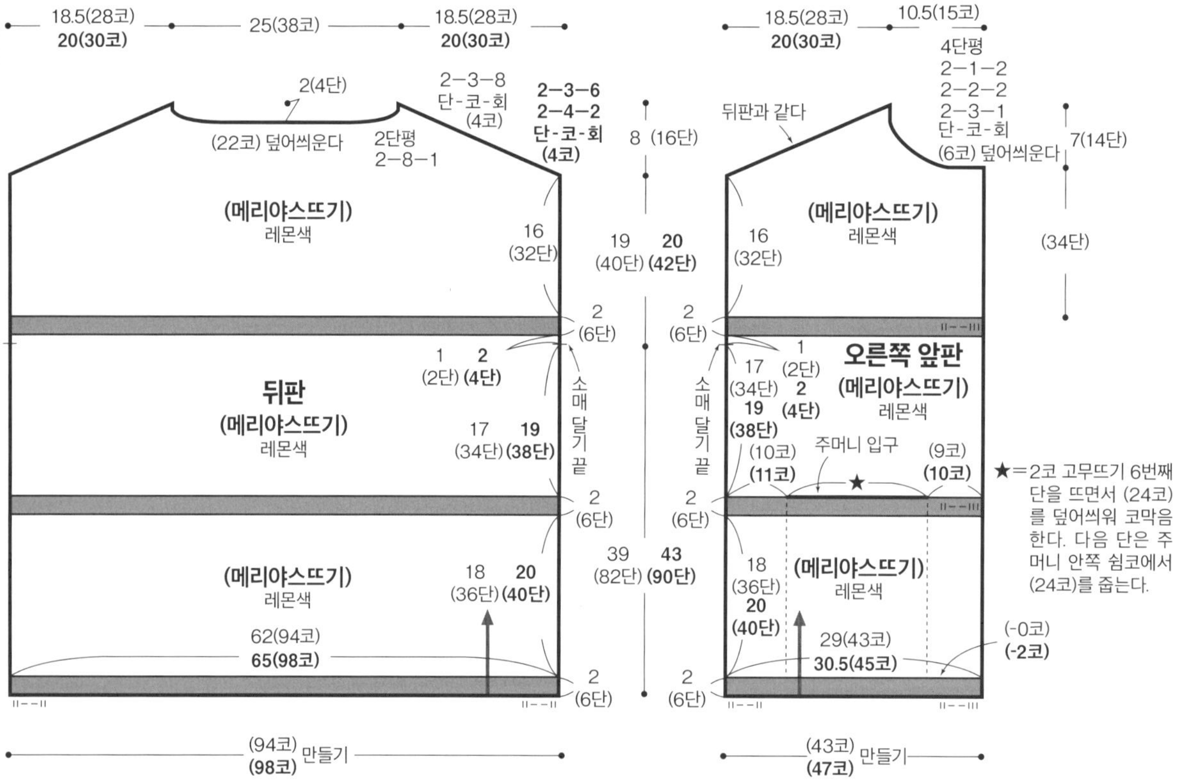

※ 지정하지 않은 것은 11호 대바늘로 뜬다.

※ ▭ = (2코 고무뜨기) 대바늘 미색

※ 왼쪽 앞판은 대칭으로 뜬다.

사이즈는 M·L 순으로 표기했고, 하나만 표기한 것은 공통입니다.

POINT

2가지 실의 서로 다른 질감과 게이지의 미묘한 차이를 잘 살린 디자인이므로 실을 바꿔 뜨더라도 '알파카와 탄탄한 트위드 실'처럼 질감이 다른 실의 조합을 추천합니다.

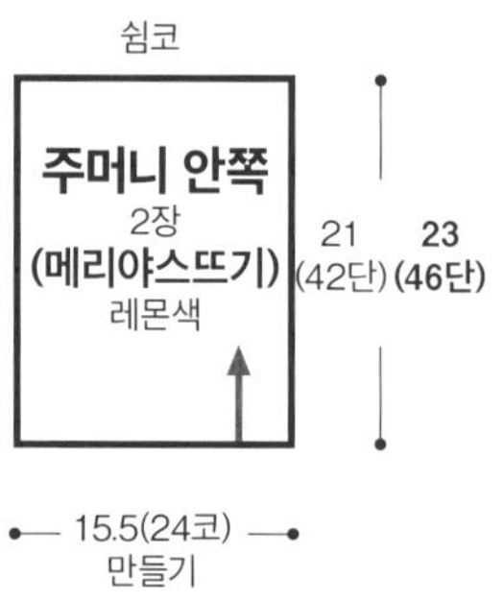

2코 고무뜨기

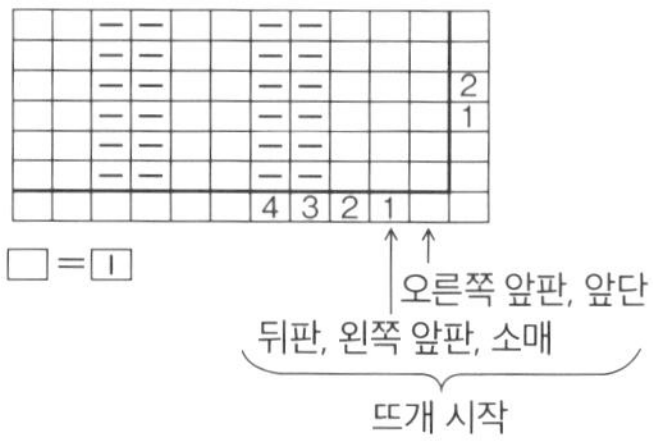

※ 밑단의 1번째 단은 기초코, 소매와 앞단의 1번째 단은 주운 코로 전부 겉뜨기한다.

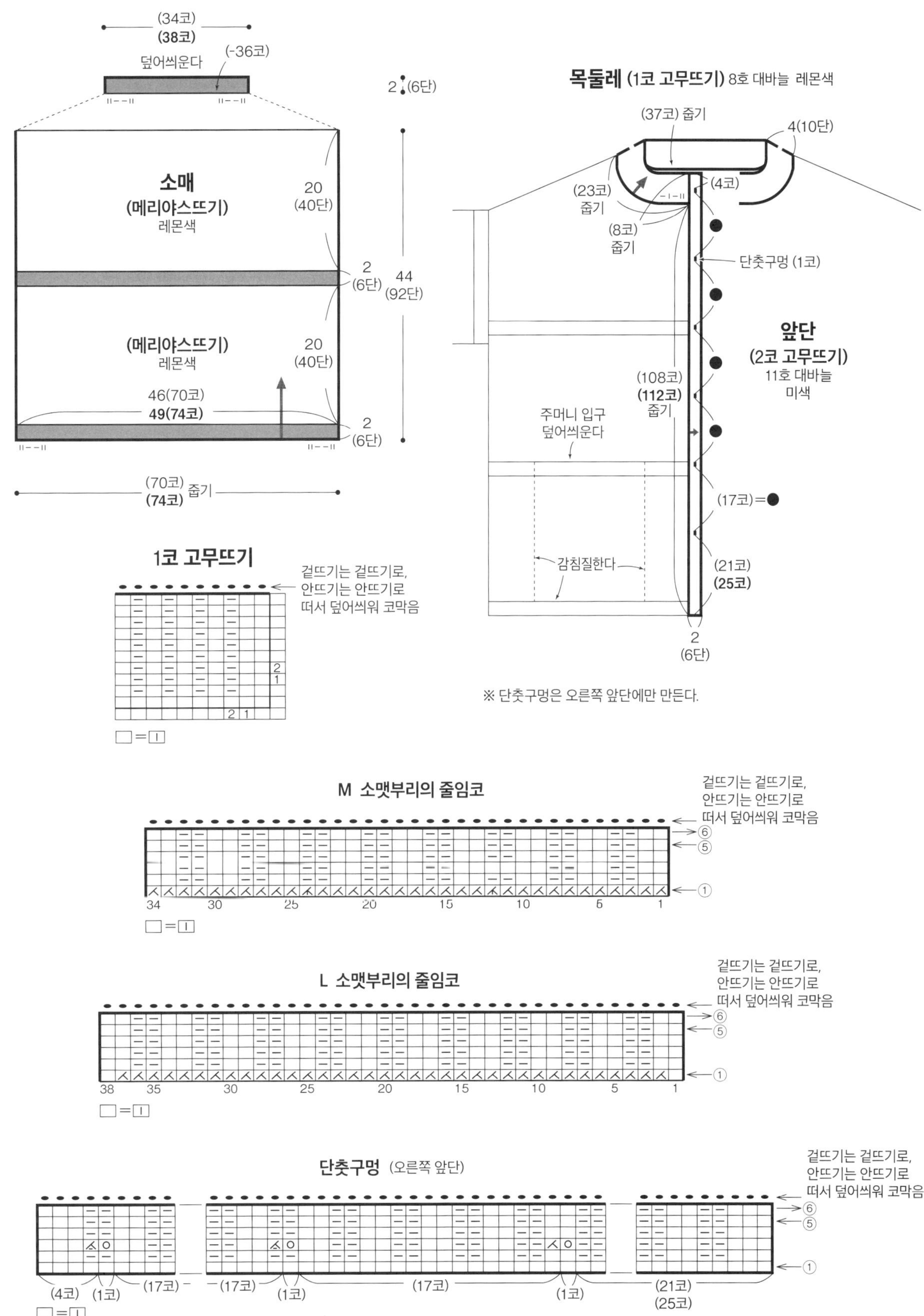
(34코)
(38코)
덮어씌운다
(-36코)
2(6단)
소매
(메리야스뜨기)
레몬색
20
(40단)
2
(6단)
44
(92단)
(메리야스뜨기)
레몬색
20
(40단)
46(70코)
49(74코)
2
(6단)
(70코)
(74코)
줍기
목둘레 (1코 고무뜨기) 8호 대바늘 레몬색
(37코) 줍기
4(10단)
(23코)
줍기
(4코)
(8코)
줍기
단춧구멍 (1코)
앞단
(2코 고무뜨기)
11호 대바늘
미색
(108코)
(112코)
줍기
주머니 입구
덮어씌운다
(17코)=●
감침질한다
(21코)
(25코)
2
(6단)
※ 단춧구멍은 오른쪽 앞단에만 만든다.
1코 고무뜨기
겉뜨기는 겉뜨기로,
안뜨기는 안뜨기로
떠서 덮어씌워 코막음
M 소맷부리의 줄임코
겉뜨기는 겉뜨기로,
안뜨기는 안뜨기로
떠서 덮어씌워 코막음
34 30 25 20 15 10 5 1
L 소맷부리의 줄임코
겉뜨기는 겉뜨기로,
안뜨기는 안뜨기로
떠서 덮어씌워 코막음
38 35 30 25 20 15 10 5 1
단춧구멍 (오른쪽 앞단)
겉뜨기는 겉뜨기로,
안뜨기는 안뜨기로
떠서 덮어씌워 코막음
(4코) (1코) (17코) (17코) (1코) (17코) (1코) (21코) (25코)

KNIT_11

☞ P.28

YARN
실 … LANGYARNS(랑) REGINA(레지나) 오렌지색 (0015) 120g = 3볼

TOOL
대바늘 5호(US 4호 3.5mm)
※코드 120cm 이상의 줄바늘을 추천합니다.

SIZE
그림 참조

GAUGE(10 × 10CM)
무늬뜨기 24코 × 38단

HOW TO
◎손가락으로 만드는 기초코로 뜨기 시작하고 무늬뜨기로 뜹니다. 늘림코는 1코 안쪽에서 돌려뜨기 늘림코, 줄임코는 끝의 2코를 세우는 줄임코를 합니다. 뜨개 끝은 덮어씌워 코막음합니다. 둘레에서 코를 주워 1코 고무뜨기를 합니다. 뜨개 끝은 겉뜨기는 겉뜨기로, 안뜨기는 안뜨기로 떠서 덮어씌워 코막음합니다. 모서리의 늘림코는 그림을 참조합니다.

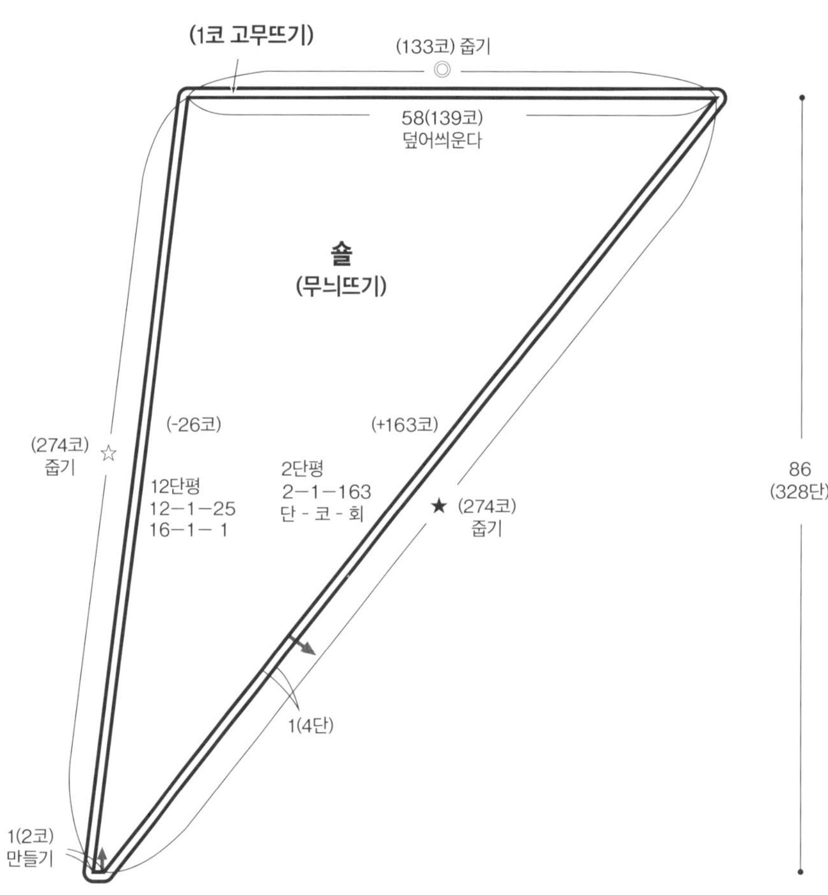

※ 전부 5호 대바늘로 뜬다.

무늬뜨기

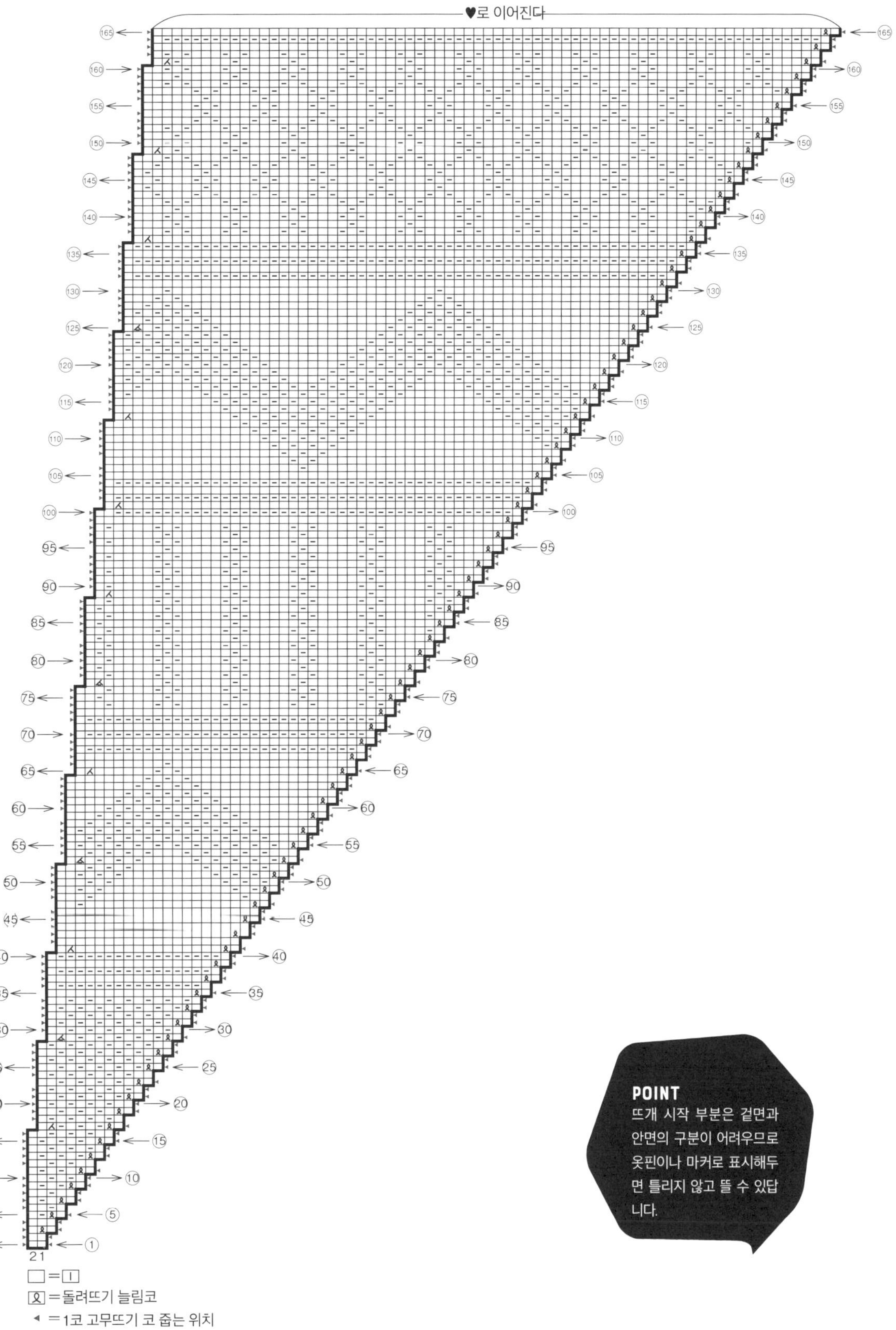

POINT
뜨개 시작 부분은 겉면과 안면의 구분이 어려우므로 옷핀이나 마커로 표시해두면 틀리지 않고 뜰 수 있답니다.

94페이지로 이어집니다. ▶

▶ 93페이지에서 이어집니다(KNIT _ 11).

무늬뜨기

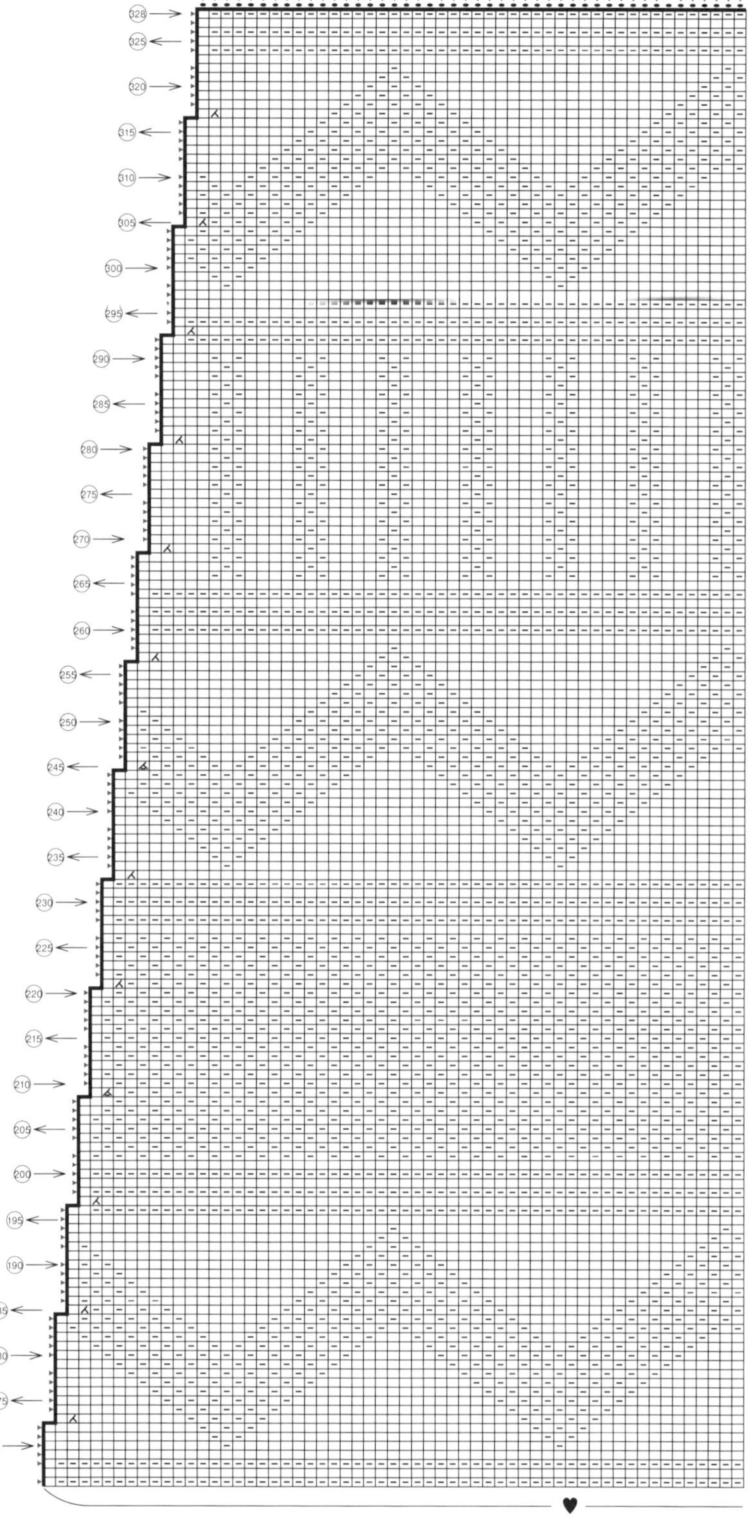

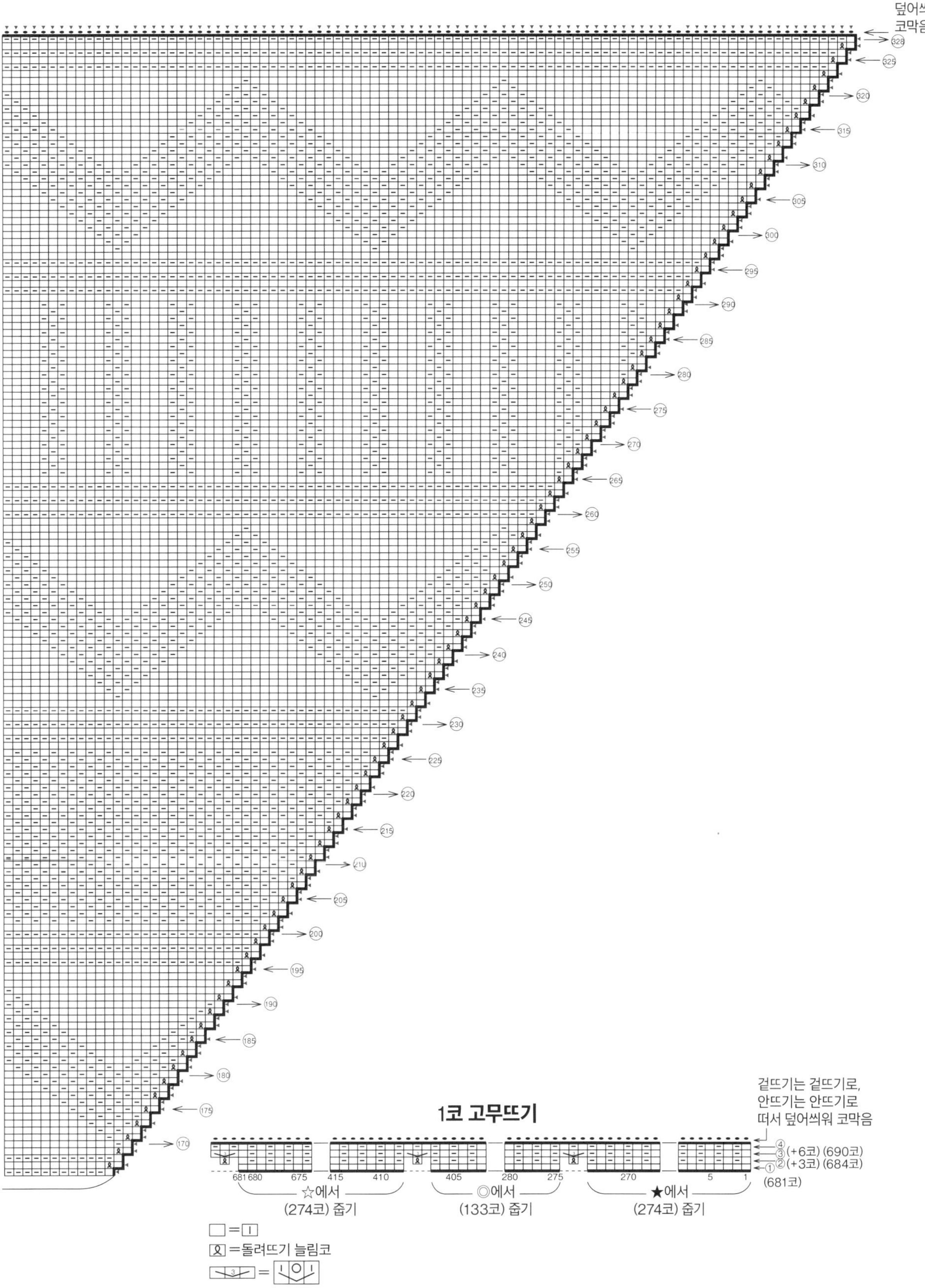

덮어씌워
코막음
328
325
320
315
310
305
300
295
290
285
280
275
270
265
260
255
250
245
240
235
230
225
220
215
210
205
200
195
190
185
180
175
170
1코 고무뜨기
겉뜨기는 겉뜨기로,
안뜨기는 안뜨기로
떠서 덮어씌워 코막음
④
③(+6코) (690코)
②(+3코) (684코)
①
(681코)
681 680
675
415
410
405
280
275
270
5
1
☆에서
(274코) 줍기
◎에서
(133코) 줍기
★에서
(274코) 줍기
□ = Ⅰ
Ⓠ = 돌려뜨기 늘림코

KNIT_12

P.30

YARN
실 … ISAGER(이사거) MERILIN(메릴린) a 검은색(30) 35g = 1볼, b 미색(0) 30g = 1볼, c 머스터드(59) 5g = 1볼, d 보르도(31S) 5g = 1볼
대체실 … 퍼피 브리티시 파인 a 35g = 2볼, b 30g = 1볼, c 5g = 1볼, d 5g = 1볼

TOOL 대바늘 3호(US 2½호 3.0mm)

SIZE
발바닥 길이 … 22cm, 발목 길이 … 18cm

GAUGE(10 × 10CM)
배색무늬뜨기, 줄무늬 배색무늬뜨기 38코 × 32단

HOW TO
◎주디스 매직 코잡기(→P.39)로 뜨기 시작하고, 메리야스뜨기로 발끝부터 원통뜨기기합니다. 늘림코는 오른코 늘리기, 왼코 늘리기로 하고 이어서 실을 가로로 걸치는 방법으로 배색무늬를 뜹니다. 발바닥 부분은 발끝과 같은 방법으로 코를 늘리면서 배색무늬뜨기합니다. 발꿈치는 발등 코를 쉬어두고, 그림을 참조해 메리야스뜨기를 왕복뜨기합니다. 발목은 줄무늬 배색무늬뜨기로 원통뜨기하고, 양말 입구는 1코 고무뜨기 줄무늬로 뜹니다. 뜨개 끝은 돗바늘로 하는 코막음(→P.41)으로 마무리합니다.

POINT
이 양말은 입구를 제외한 대부분을 '1코 돌려 고무뜨기의 배색무늬'로 뜹니다. 돌려뜨기로 인해 세로줄 무늬가 또렷하게 나오지만, 신축성은 거의 없으므로 게이지는 반드시 내서 사이즈를 확인해주세요.

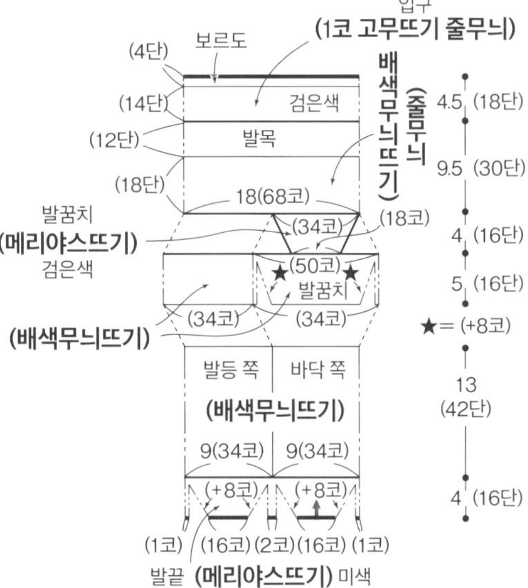

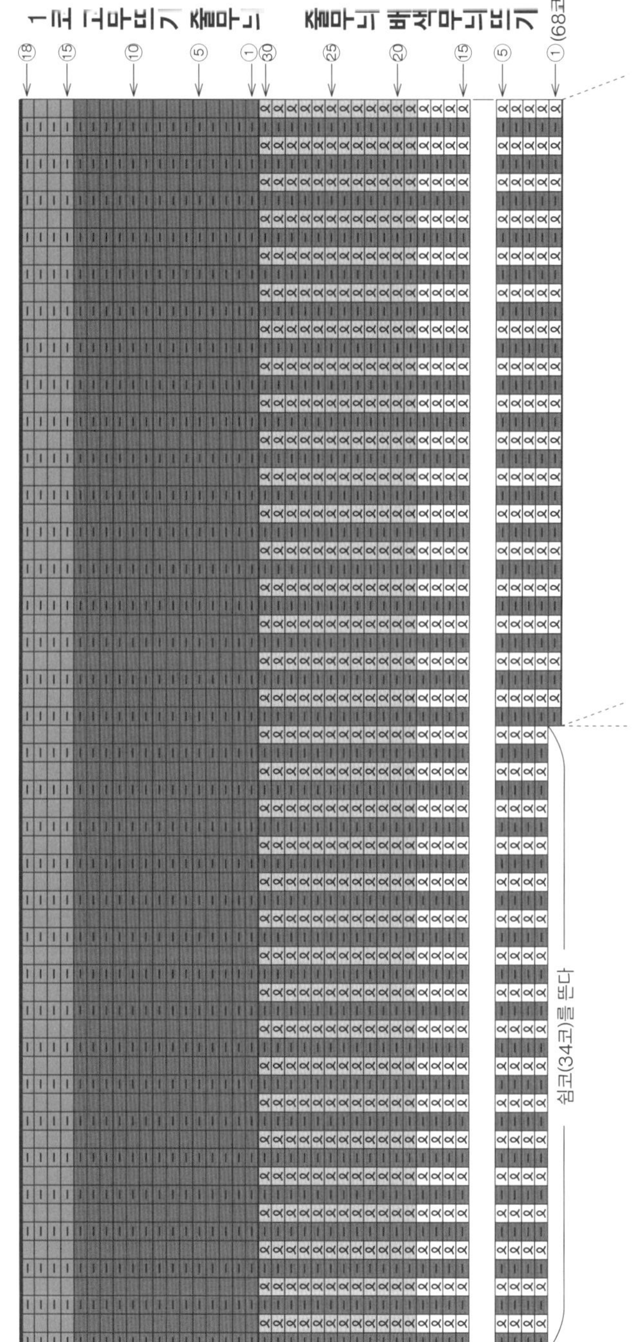

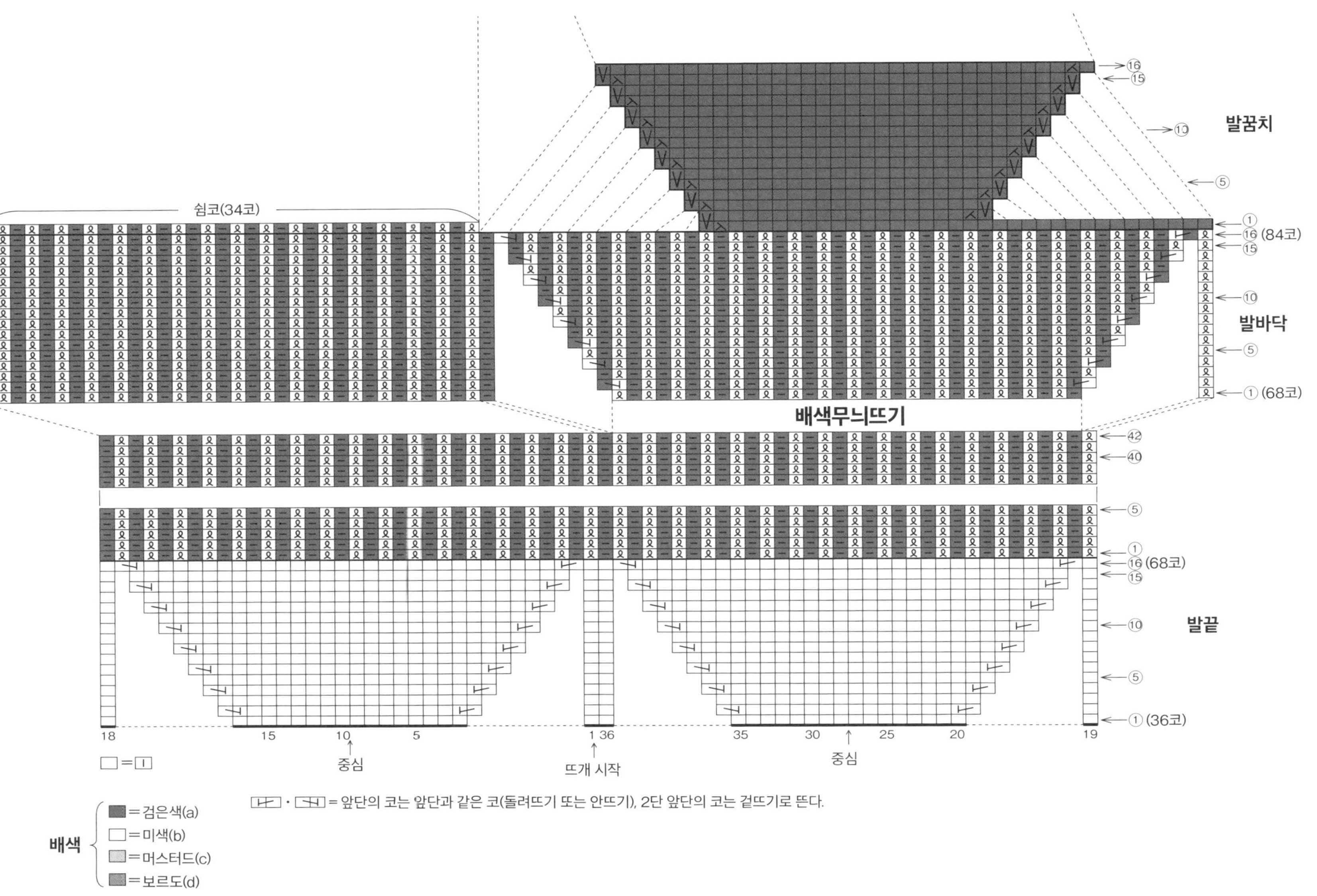

쉼코(34코)
발꿈치
(84코)
발바닥
(68코)
배색무늬뜨기
(68코)
발끝
(36코)
중심
뜨개 시작
중심
= 앞단의 코는 앞단과 같은 코(돌려뜨기 또는 안뜨기), 2단 앞단의 코는 겉뜨기로 뜬다.
배색
=검은색(a)
=미색(b)
=머스터드(c)
=보르도(d)

KNIT_14

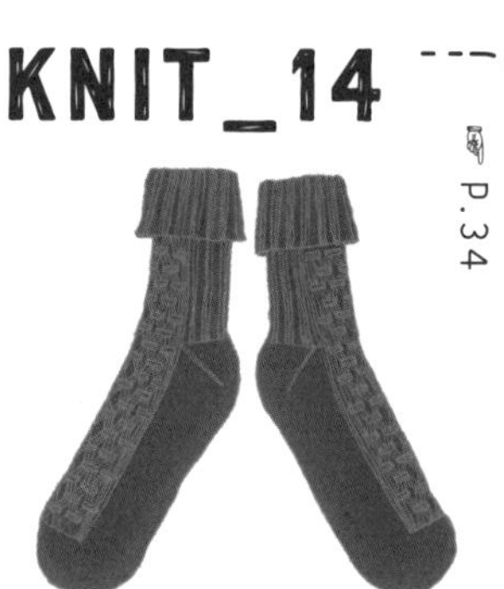

☞ P.34

YARN
실 … ROWAN(로완) Rowan Sock(로완 삭)
Emerald(009) 80g = 1볼

TOOL
대바늘 1호(US 1½호 2.5mm)

SIZE
바닥 길이 … 22cm
발목 길이 … 19.5cm

GAUGE(10 × 10CM)
메리야스뜨기 34코 × 45.5단
무늬뜨기 38코 × 45.5단
2코 고무뜨기 36코 × 45.5단

HOW TO
◎주디스 매직 코잡기(→P.39)로 뜨기 시작하고, 메리야스뜨기로 발끝부터 원통뜨기합니다. 늘림코는 오른코 늘리기, 왼코 늘리기로 합니다. 이어서 무늬뜨기와 메리야스뜨기로 뜹니다. 발바닥 부분은 발끝과 같은 방법으로 코를 늘리면서 메리야스뜨기로 뜹니다. 발꿈치는 발등 쪽 코를 잠시 쉬어두고, 그림을 참조해 메리야스뜨기를 왕복뜨기합니다. 발목은 무늬뜨기와 메리야스뜨기로 원통뜨기하고, 입구는 2코 고무뜨기로 뜹니다. 뜨개 끝은 돗바늘로 하는 코막음(→P.41)으로 하고, 입구는 바깥쪽으로 접어서 착용합니다.

POINT
입구를 접어 2겹으로 했지만, 취향에 따라 고무뜨기 길이를 뜨개도안의 절반 정도로 해서 스트레이트로 완성해도 좋아요.

양말

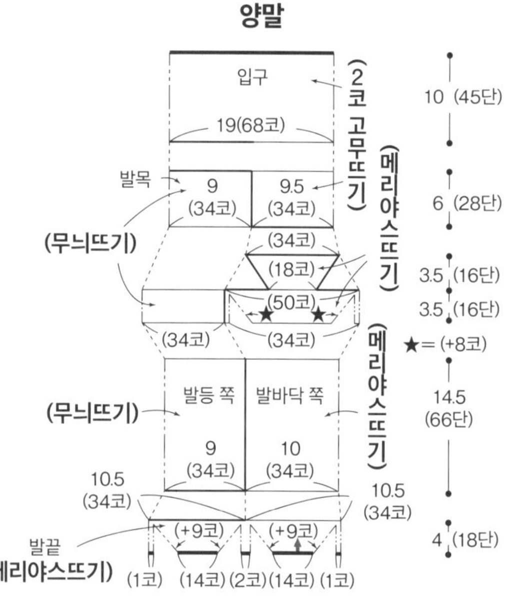

※ 전부 1호 대바늘로 뜬다.

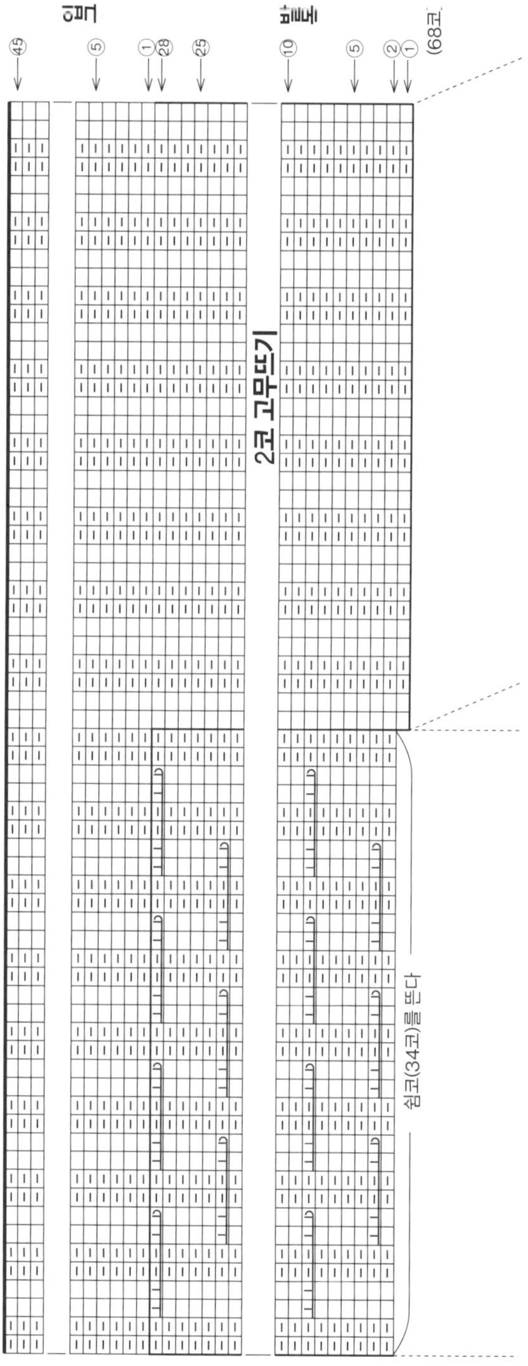

입구
발목
45
5
1
28
25
10
5
2
1
(68코)
2코 고무뜨기
쉼코(34코)를 뜬다

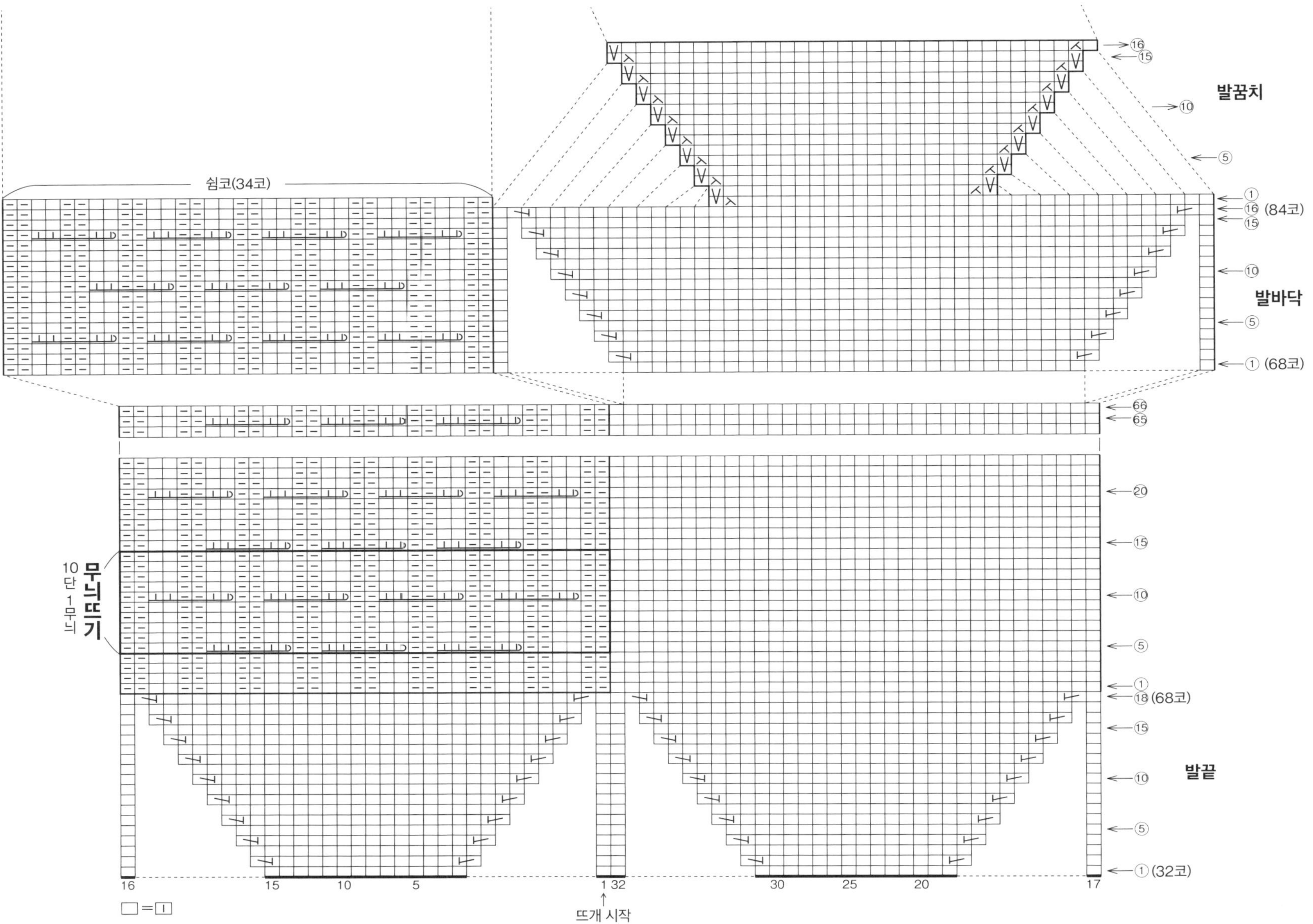
쉼코(34코)
발꿈치
(84코)
발바닥
(68코)
(68코)
발끝
(32코)
무늬뜨기
10단 1무늬
뜨개 시작

KNIT_15

☞ P.36

YARN

실 … LANGYARNS(랑) REGINA(레지나) 검은색(4) 15g = 1볼, 베이지(26) 15g = 1볼, 연갈색(39) 10g = 1볼, 하늘색(74) 10g = 1볼

TOOL

대바늘 5호(US 4호 3.5mm)

SIZE

손바닥 둘레 … 19cm

길이 … 22.5cm

GAUGE(10 × 10CM)

메리야스뜨기 25코 × 34단

HOW TO

◎독일식 코잡기(→P.38)로 뜨기 시작하고 2코 고무뜨기 줄무늬, 줄무늬 메리야스뜨기로 원통뜨기합니다. 엄지 위치에는 별실을 넣어서 뜹니다. 뜨개 끝은 손가락 각각의 콧수로 나눠서 코를 쉬어둡니다. 엄지 외의 손가락은 그림을 참조해 코를 줍고 소지·중지·검지는 메리야스뜨기, 약지는 줄무늬 메리야스뜨기로 뜹니다. 검지는 쉬어둔 실로 뜹니다. 뜨개 끝은 마지막 단의 코에 실을 2회 통과시켜 조입니다. 엄지는 별실을 풀어 코를 줍고, 같은 방법으로 뜹니다.

POINT

손가락과 손가락 사이는 구멍이 생기기 쉬운 위치이지요. 모아뜨기를 하는 등 구멍이 생기지 않게 신경 썼지만 그래도 구멍이 두드러진다면 안쪽에서 돗바늘로 감치는 것이 가장 간단하고 튼튼합니다.

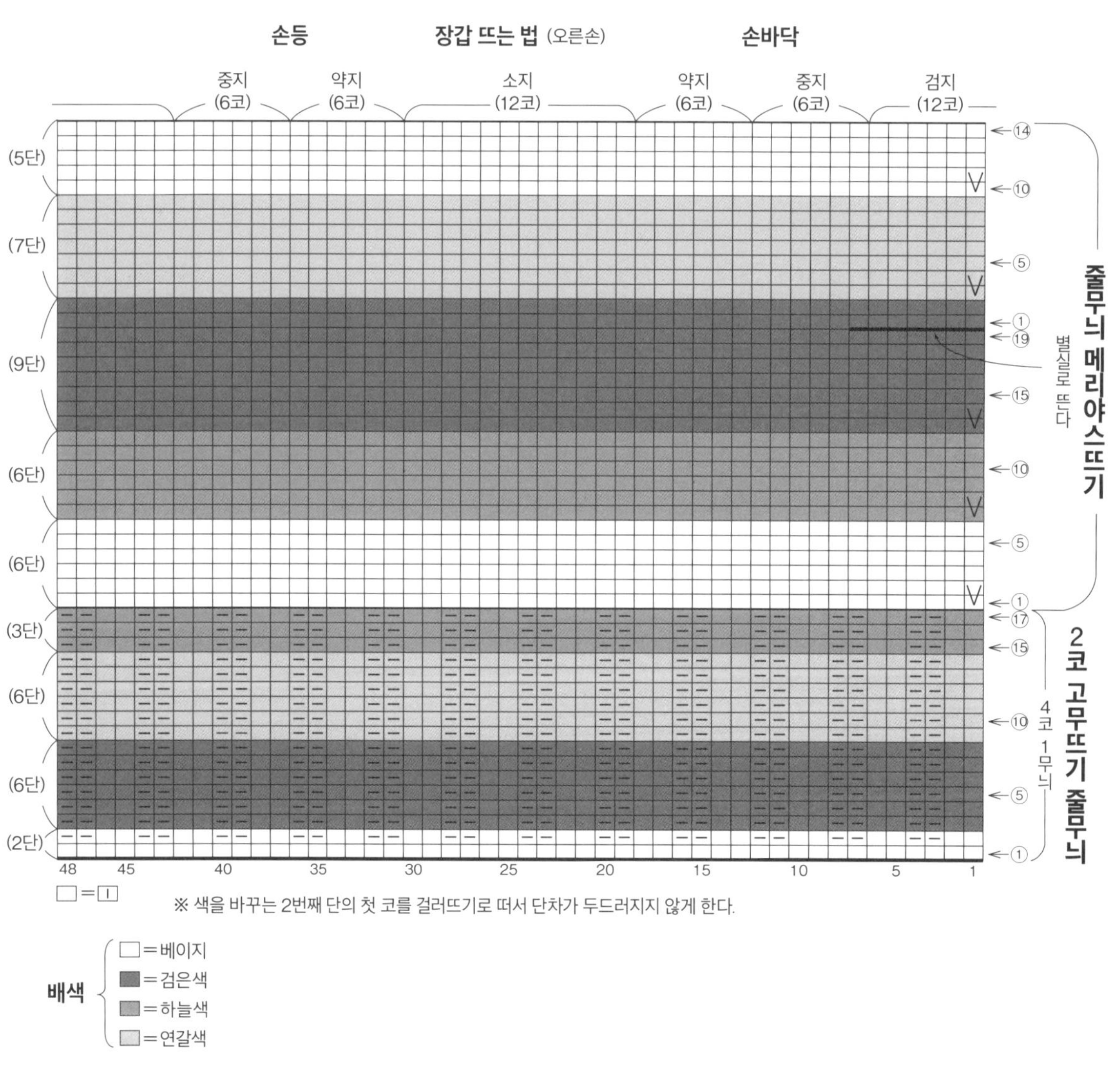

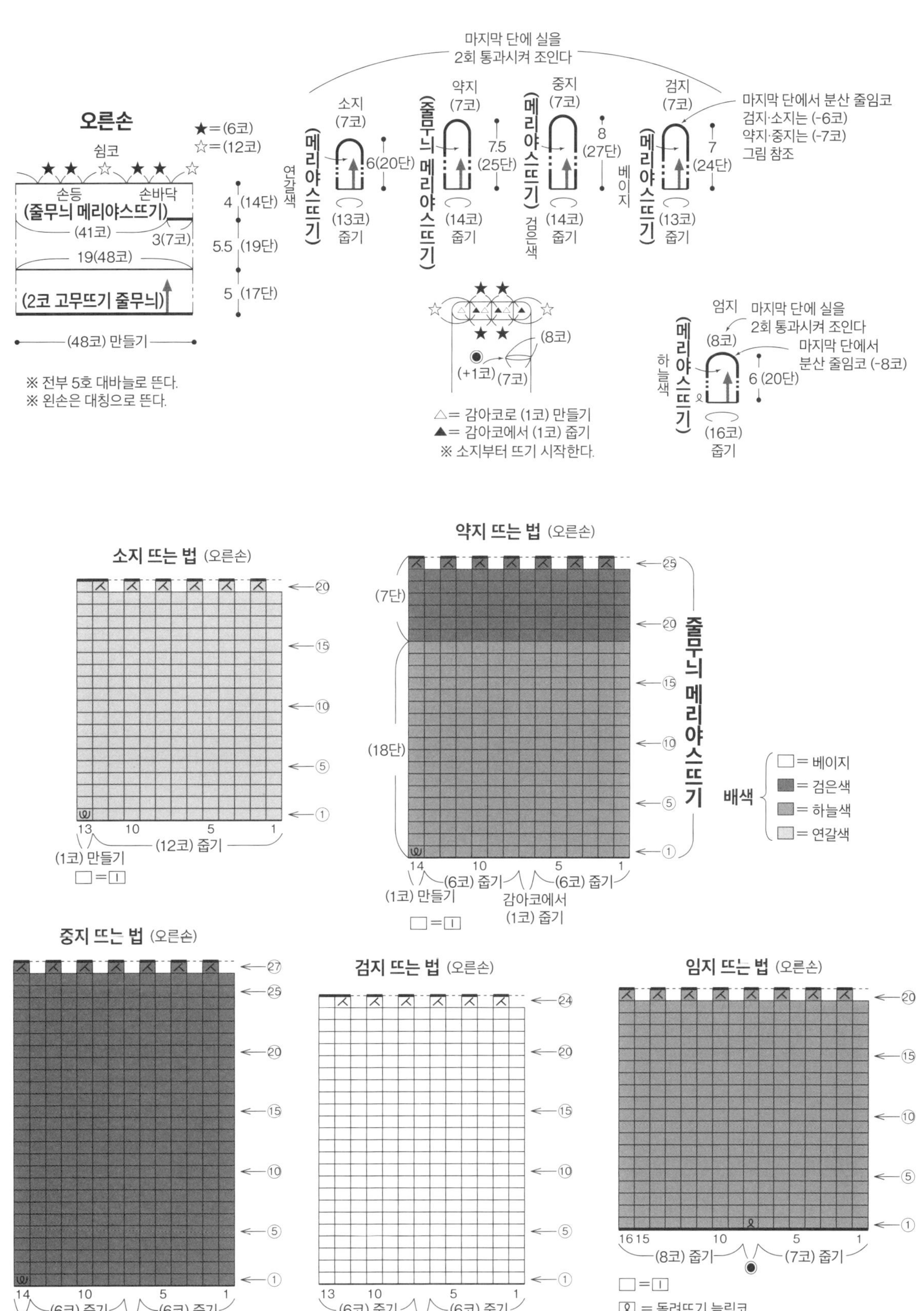

오른손
★=(6코)
☆=(12코)
쉼코
손등
손바닥
(줄무늬 메리야스뜨기)
(41코)
3(7코)
19(48코)
(2코 고무뜨기 줄무늬)
4 (14단)
5.5 (19단)
5 (17단)
(48코) 만들기
※ 전부 5호 대바늘로 뜬다.
※ 왼손은 대칭으로 뜬다.
마지막 단에 실을
2회 통과시켜 조인다
소지
(7코)
(메리야스뜨기)
연갈색
6(20단)
(13코)
줍기
약지
(7코)
(줄무늬 메리야스뜨기)
7.5
(25단)
(14코)
줍기
중지
(7코)
(메리야스뜨기)
검은색
8
(27단)
(14코)
줍기
베이지
검지
(7코)
(메리야스뜨기)
7
(24단)
(13코)
줍기
마지막 단에서 분산 줄임코
검지·소지는 (-6코)
약지·중지는 (-7코)
그림 참조
(8코)
(+1코)
(7코)
△= 감아코로 (1코) 만들기
▲= 감아코에서 (1코) 줍기
※ 소지부터 뜨기 시작한다.
엄지
마지막 단에 실을
2회 통과시켜 조인다
(8코)
마지막 단에서
분산 줄임코 (-8코)
(메리야스뜨기)
하늘색
6 (20단)
(16코)
줍기
소지 뜨는 법 (오른손)
20
15
10
5
1
13
10
5
1
(1코) 만들기
(12코) 줍기
□=Ⅰ
약지 뜨는 법 (오른손)
(7단)
(18단)
25
20
15
10
5
1
줄무늬 메리야스뜨기
14
10
5
1
(1코) 만들기
(6코) 줍기
(6코) 줍기
감아코에서
(1코) 줍기
□=Ⅰ
배색
□= 베이지
■= 검은색
■= 하늘색
□= 연갈색
중지 뜨는 법 (오른손)
27
25
20
15
10
5
1
14
10
5
1
(1코) 만들기
(6코) 줍기
(6코) 줍기
감아코에서
(1코) 줍기
□=Ⅰ
검지 뜨는 법 (오른손)
24
20
15
10
5
1
13
10
5
1
(6코) 줍기
(6코) 줍기
감아코에서
(1코) 줍기
□=Ⅰ
엄지 뜨는 법 (오른손)
20
15
10
5
1
16 15
10
5
1
(8코) 줍기
(7코) 줍기
□=Ⅰ
= 돌려뜨기 늘림코
● = 코와 코 사이에 걸린 실을
꼬아서 (1코)를 줍는다

BASIC TECHNIQUE GUIDE

기초코

손가락으로 만드는 기초코

일반적인 기초코. 신축성 있고 얇게 만들어지므로 그대로 가장자리로 쓸 수 있다.

❶

실 끝은 뜨는 폭의 약 3배를 남긴다.

❷
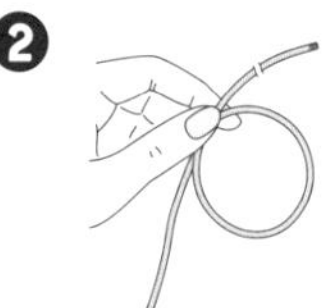

원을 만들고 왼손으로 교차점을 잡는다.

❸
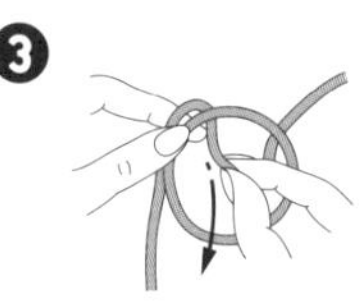

원 안으로 실 끝을 뺀다.

❹
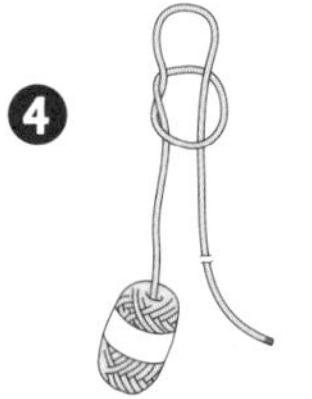

빼낸 실로 작은 고리를 만든다.

❺
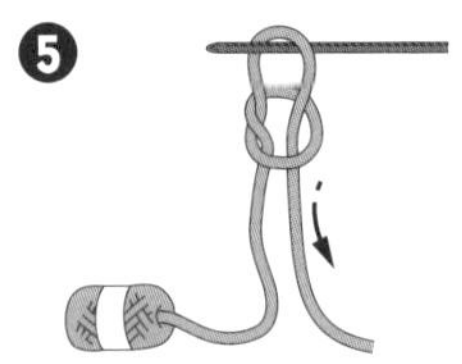

작은 고리 안에 대바늘을 넣고, 양쪽 실을 당겨 고리를 조인다.

❻
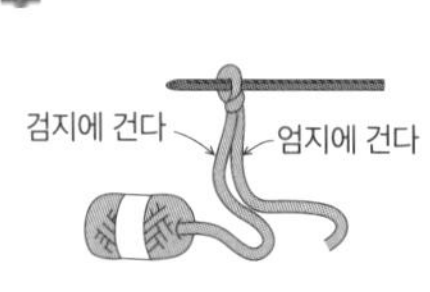

1코를 만들었다. 짧은 실을 엄지에, 긴 실을 검지에 건다.

❼
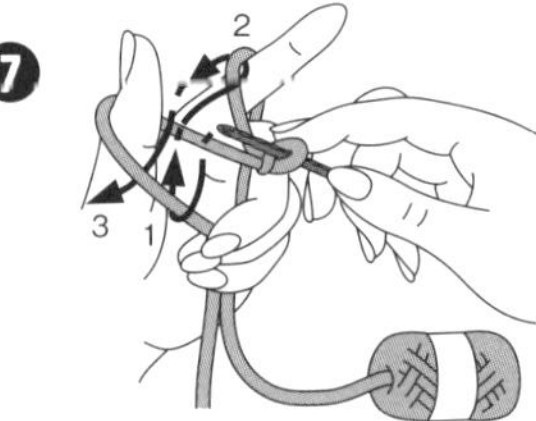

바늘 끝을 1·2·3 순으로 움직여서 대바늘에 실을 건다.

❽
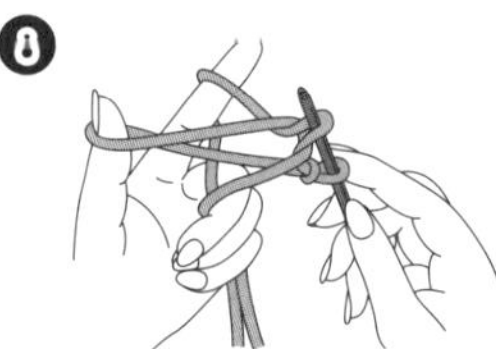

1·2·3 순으로 실을 건 모습. 코와 코 사이는 8mm 정도 간격을 두면서 기초코를 만든다.

❾

엄지를 잠시 뺐다가 화살표와 같이 다시 엄지를 넣는다.

❿
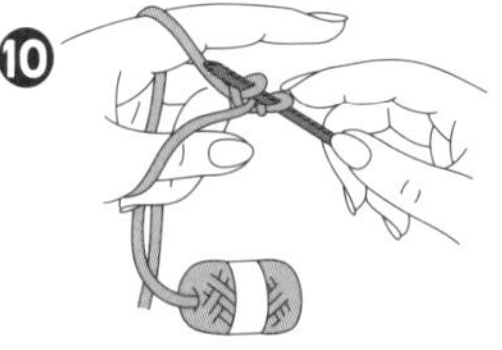

엄지를 다시 넣어서 조인 모습. 2번째 코를 만들었다.

⓫
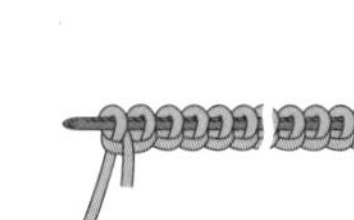

필요한 콧수만큼 만든다. 코와 코 사이가 너무 촘촘하지 않도록 주의한다.

※ 손가락으로 만드는 기초코는 방법이 다양하지만, amuhibi에서는 이 방법을 추천합니다.

별도사슬로 만드는 기초코

나중에 반대 방향으로 뜨고 싶을 때 사용하는 방법으로, 코바늘로 뜨는 기초코다. 뜨개가 끝난 후 기초코를 풀어서 코를 주우므로 여름용 실처럼 섬유가 묻어나지 않는 매끄러운 실을 사용하면 좋다.

◎별도사슬 뜨기

❶
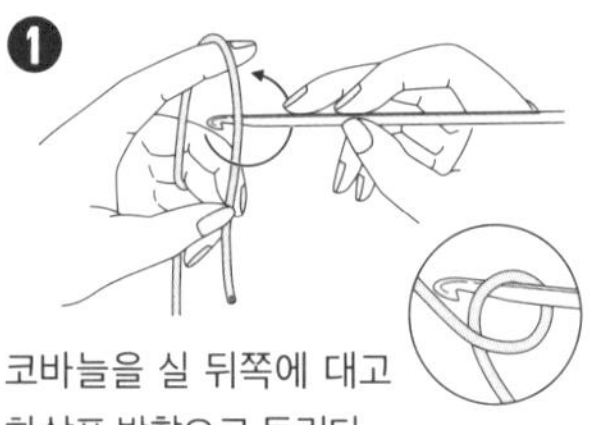

코바늘을 실 뒤쪽에 대고 화살표 방향으로 돌린다.

❷
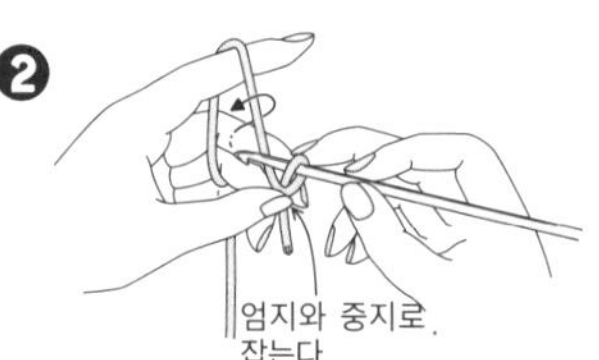

교차시킨 부분을 손가락으로 잡고, 코바늘에 실을 건다.

❸
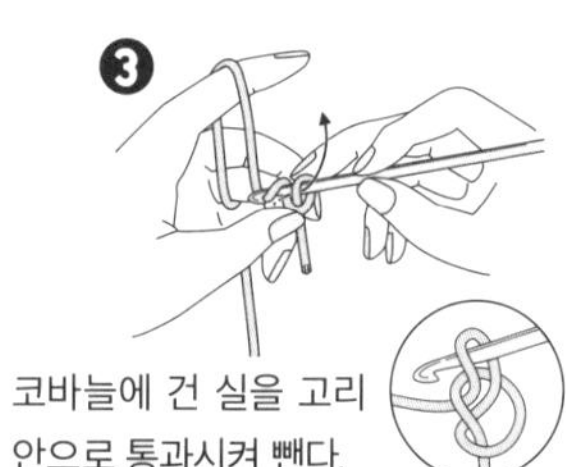

코바늘에 건 실을 고리 안으로 통과시켜 뺀다.

❹

실 끝을 당겨 고리를 조인다.

❺
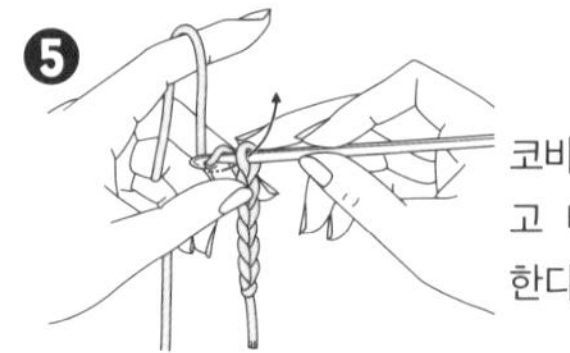

코바늘에 실을 걸고 빼기를 반복한다.

❻
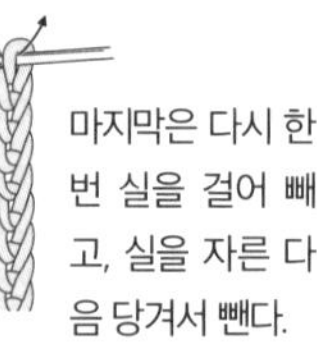

마지막은 다시 한 번 실을 걸어 빼고, 실을 자른 다음 당겨서 뺀다.

※ 나중에 풀므로 필요한 콧수보다 많이 만들면 좋아요.

◎별도사슬의 코산 줍기 ※ 실제로 뜰 때 사용하는 실로 줍습니다.

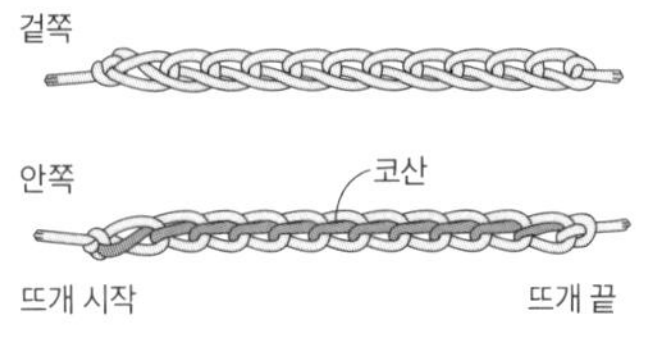

❶
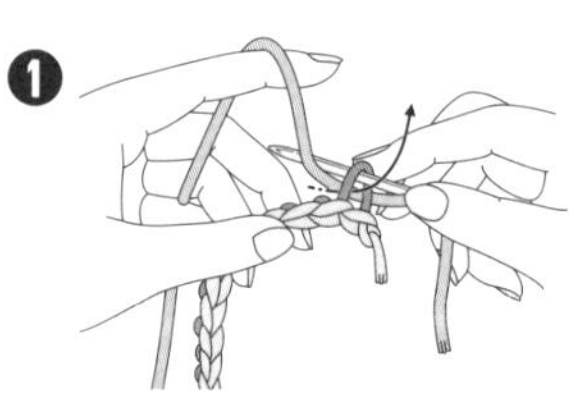
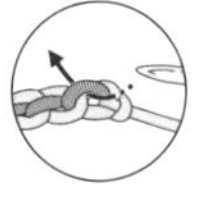

별도사슬의 뜨개 끝쪽 코산에 대바늘을 넣고, 실제로 뜰 실로 줍는다.

❷
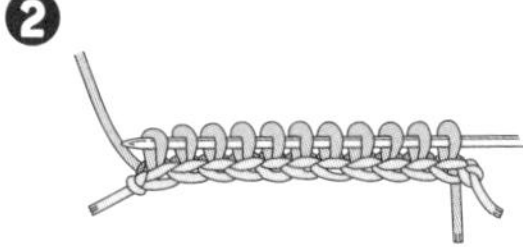

필요한 콧수만큼 줍는다.

기본 뜨개코

겉뜨기

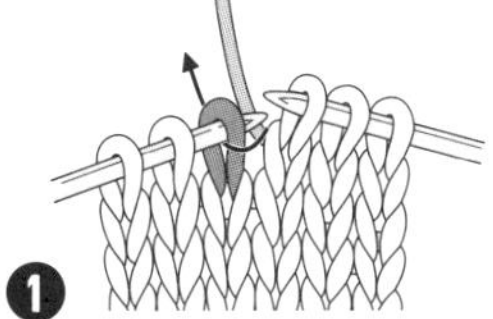

❶ 실을 뒤쪽에 두고, 오른바늘을 앞쪽에서 넣는다.

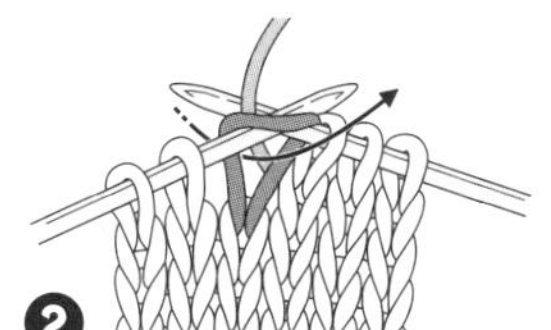

❷ 실을 걸고 화살표와 같이 앞으로 뺀다.

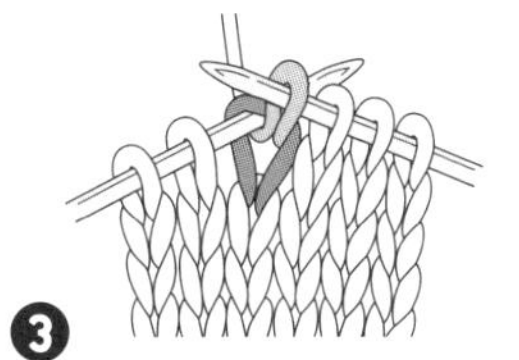

❸ 왼바늘에서 코를 뺀다.

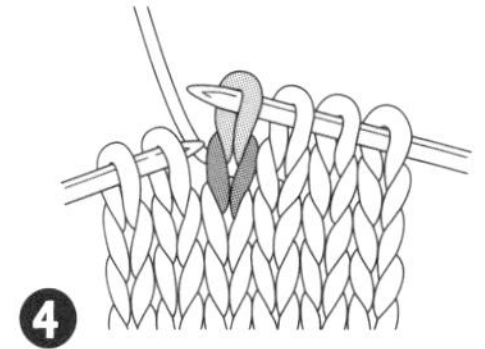

❹ 겉뜨기를 했다.

안뜨기

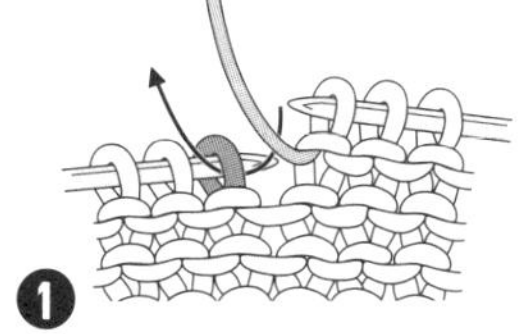

❶ 실을 앞쪽에 두고, 화살표와 같이 오른바늘을 뒤쪽에서 넣는다.

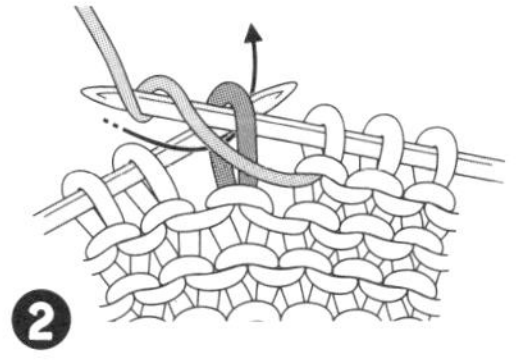

❷ 실을 앞에서 뒤로 걸고, 화살표와 같이 뺀다.

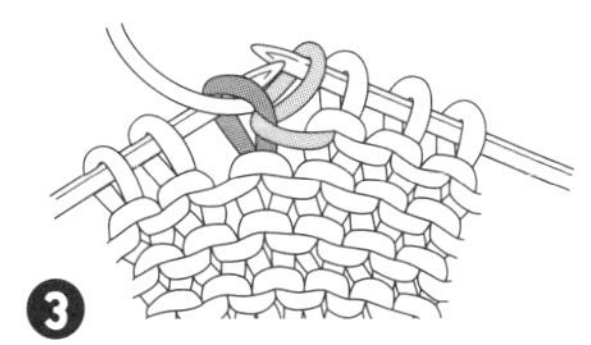

❸ 오른바늘로 실을 뺀 다음 왼바늘에서 코를 뺀다.

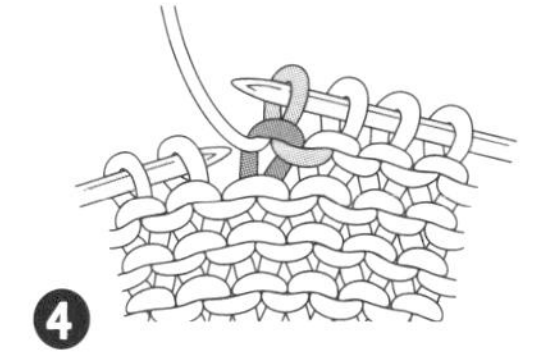

❹ 안뜨기를 했다.

걸기코

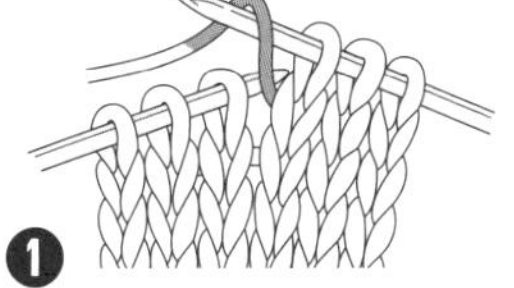

❶ 오른바늘에 앞에서 뒤로 실을 건다.

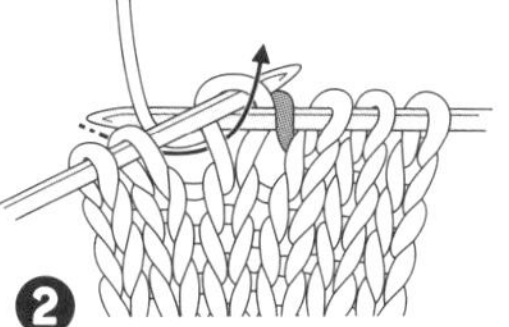

❷ 다음 코를 뜬다.

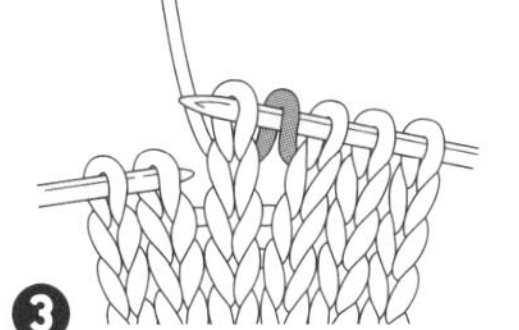

❸ 걸기코가 만들어졌다. 1코가 늘었다.

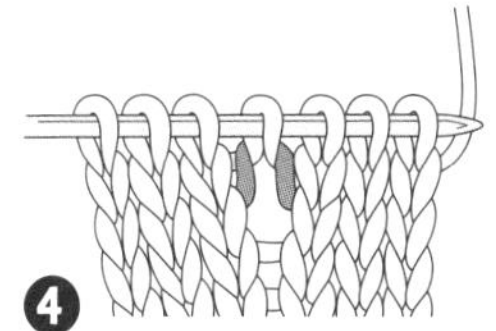

❹ 다음 단을 뜨고 겉면에서 본 모습.

돌려뜨기

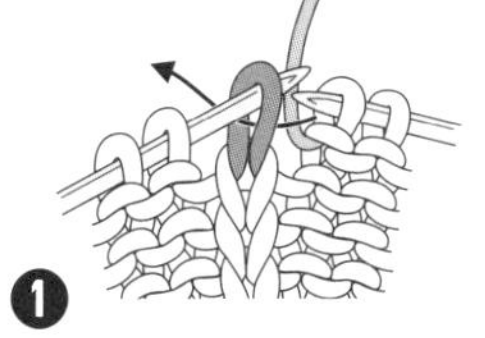

❶ 화살표와 같이 오른바늘을 뒤쪽에서 넣는다.

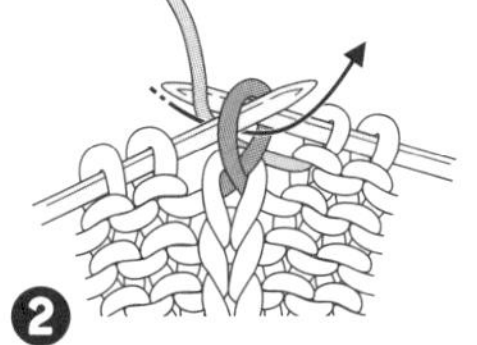

❷ 실을 걸고 화살표와 같이 앞으로 뺀다.

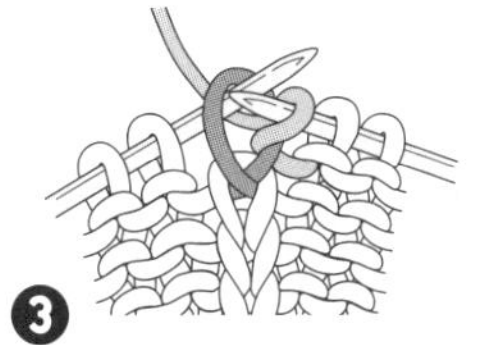

❸ 왼바늘에서 코를 뺀다.

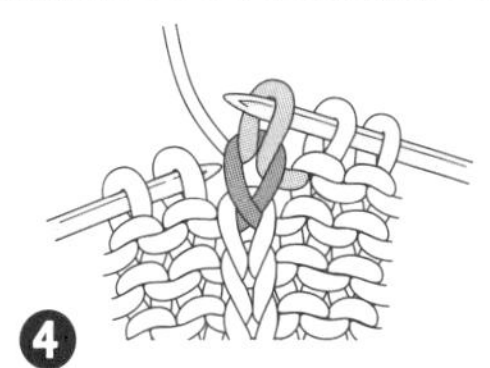

❹ 돌려뜨기를 했다. 아래쪽 코가 꼬여 있다.

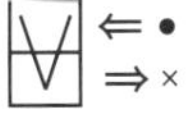

걸러뜨기 (1단일 때)

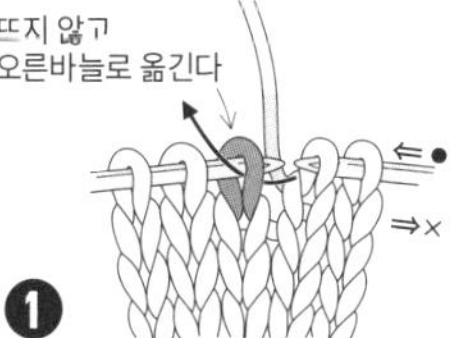

❶ ●단에서 실을 뒤쪽에 두고, 화살표와 같이 바늘을 넣어 뜨지 않고 옮긴다.

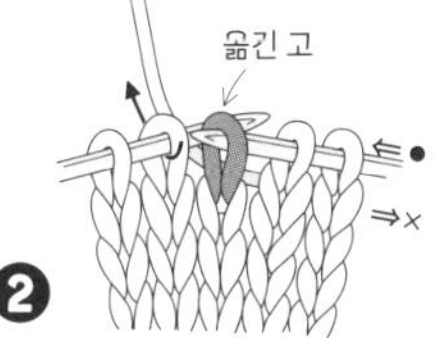

❷ 옮긴 코가 걸러뜨기 코가 된다. 이어서 다음 코를 뜬다.

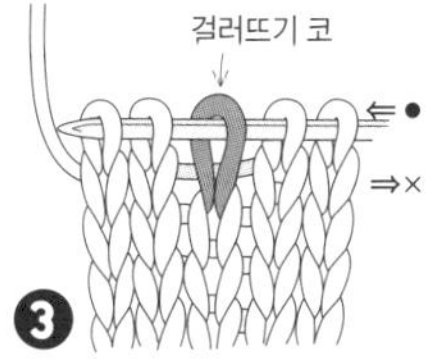

❸ 걸러뜨기 부분은 코 사이에 걸린 실이 뒤쪽에 있다.

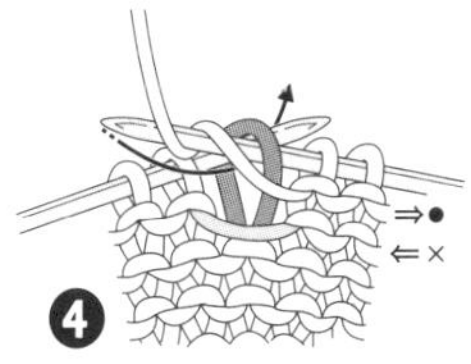

❹ 다음 단은 걸러뜨기 코를 기호 도안대로 뜬다.

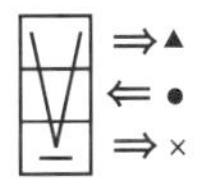

걸러 안뜨기 (2단일 때)

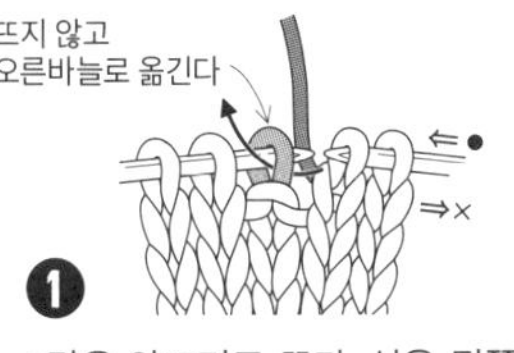

❶ ×단은 안뜨기로 뜬다. 실을 뒤쪽에 두고, 코의 방향이 바뀌지 않게 주의하며 뜨지 않고 오른바늘로 옮긴다.

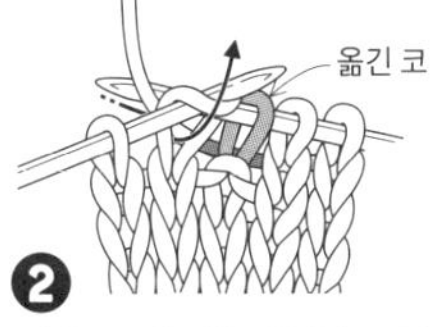

❷ 다음 코에 바늘을 넣고 겉뜨기한다.

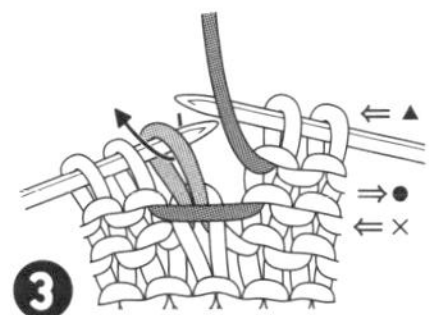

❸ 안면에서 뜨는 단은 실을 앞쪽에 두고, 코의 방향이 바뀌지 않게 주의하며 뜨지 않고 오른바늘로 옮겨

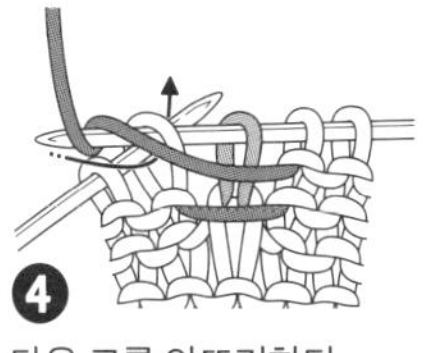

❹ 다음 코를 안뜨기한다.

오른코 겹쳐 2코 모아뜨기

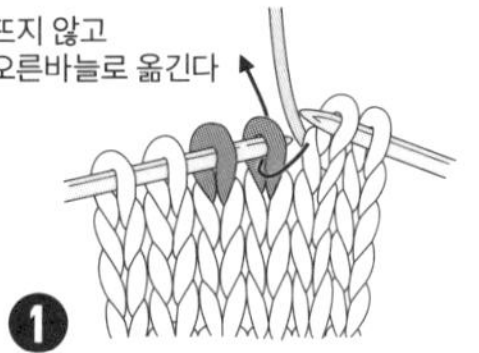

❶ 오른코를 뜨지 않고 오른바늘로 옮긴다.

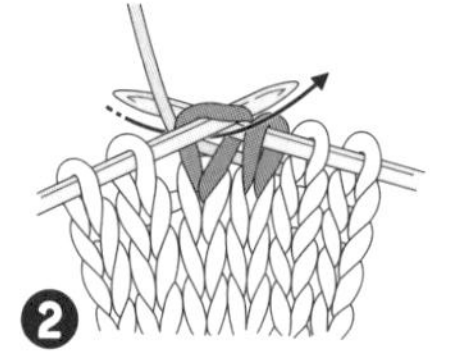

❷ 왼바늘의 코를 겉뜨기로 뜬다.

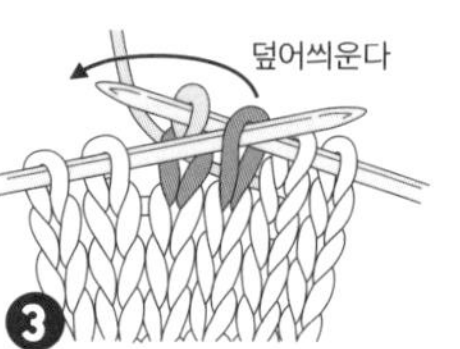

❸ 오른바늘로 옮겨두었던 코를 겉뜨기한 코에 덮어씌운다.

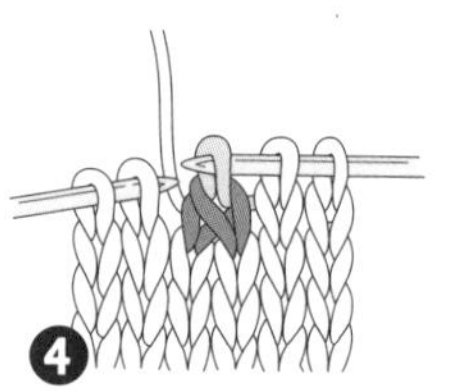

❹ 오른코 겹쳐 2코 모아뜨기를 했다.

왼코 겹쳐 2코 모아뜨기

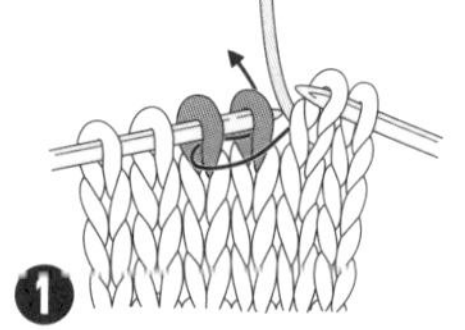

❶ 오른바늘을 2코의 왼쪽에서 한 번에 넣는다.

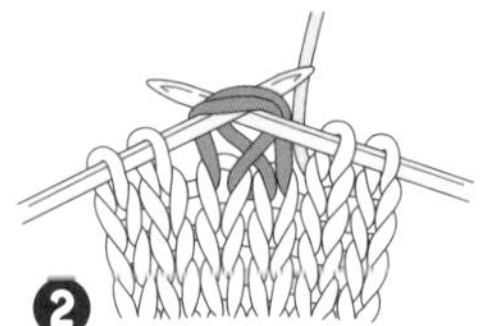

❷ 바늘을 넣은 모습.

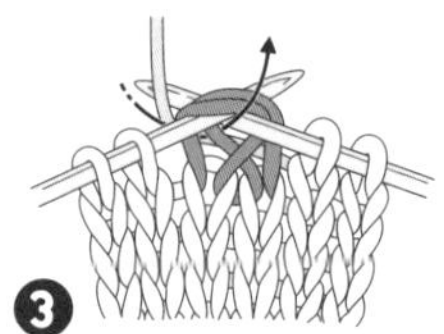

❸ 코를 한꺼번에 겉뜨기한다.

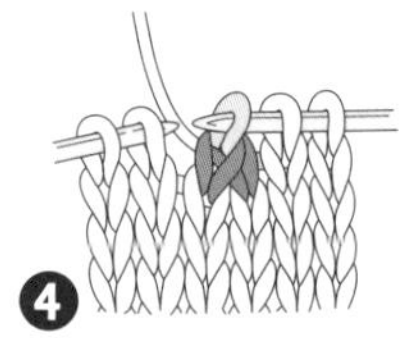

❹ 왼코 겹쳐 2코 모아뜨기를 했다.

오른코 겹쳐 2코 모아 안뜨기

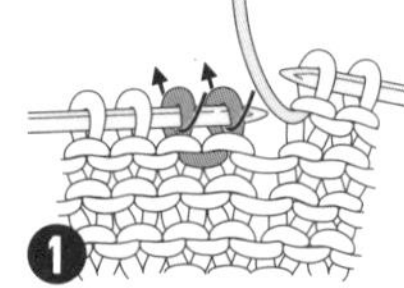

❶ 2코를 뜨지 않고 오른바늘로 1코씩 옮긴다.

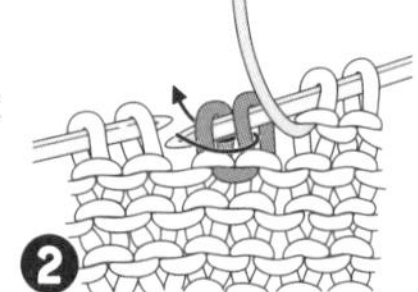

❷ 왼바늘을 2코의 오른쪽에서 넣어 왼바늘로 다시 코를 옮긴다.

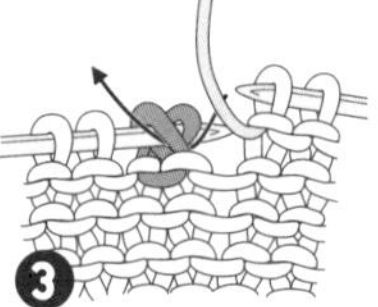

❸ 화살표와 같이 오른바늘을 넣고,

❹ 2코를 한꺼번에 안뜨기 한다.

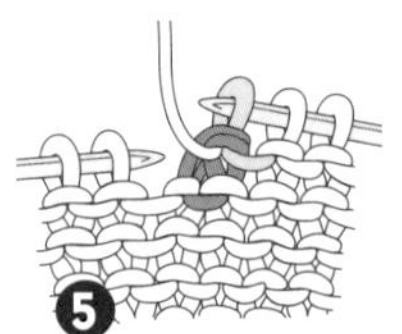

❺ 오른코 겹쳐 2코 모아 안뜨기를 했다.

왼코 겹쳐 2코 모아 안뜨기

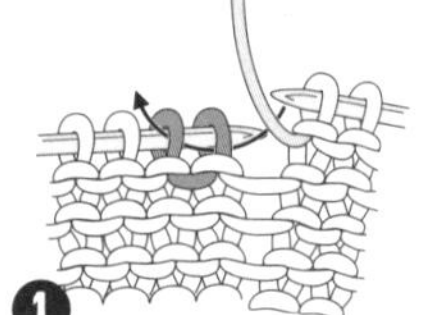

❶ 2코의 오른쪽에서 오른바늘을 한 번에 넣는다.

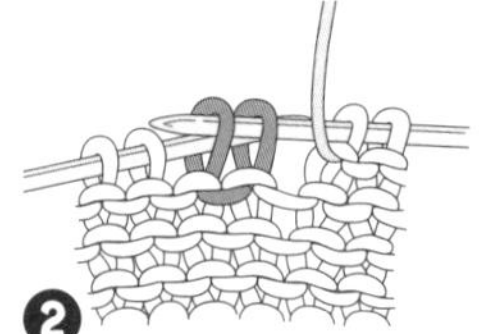

❷ 바늘을 넣은 모습.

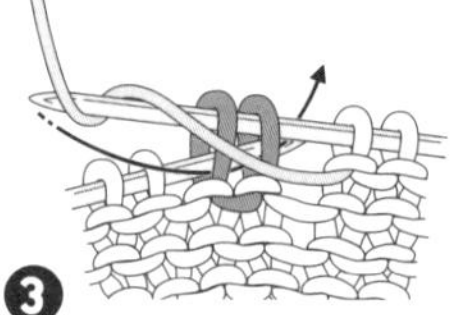

❸ 화살표와 같이 오른바늘을 넣고, 2코를 한꺼번에 안뜨기로 뜬다.

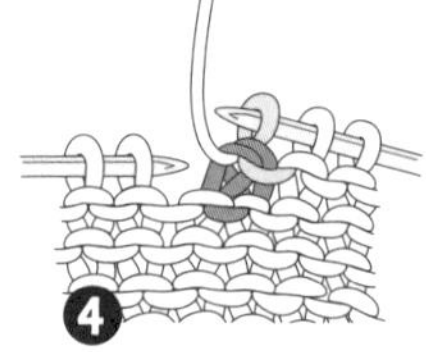

❹ 왼코 겹쳐 2코 모아 안뜨기를 떴다.

왼코 겹쳐 3코 모아뜨기

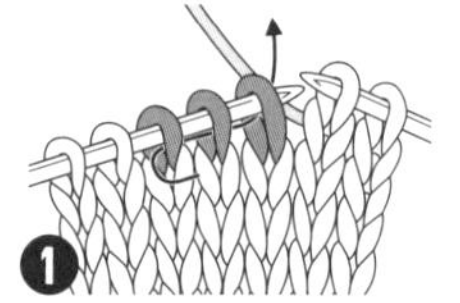

❶ 화살표와 같이 왼쪽에서 3코에 오른바늘을 한 번에 넣는다.

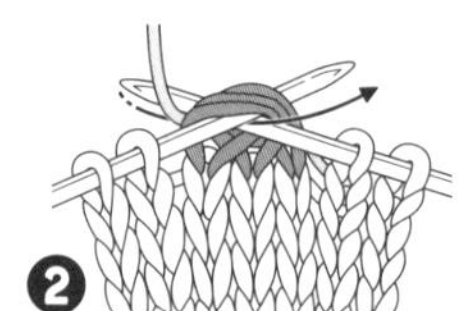

❷ 실을 걸어 빼서 3코를 한꺼번에 겉뜨기한다.

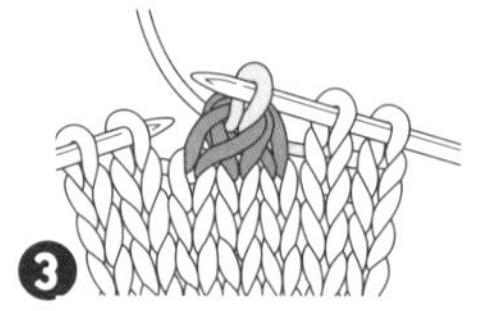

❸ 왼코 겹쳐 3코 모아뜨기를 했다.

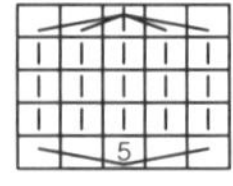

5코 5단 구슬뜨기 (중심 5코 모아뜨기)

❶ 1코에서 5코를 만들어 3단을 뜬다.

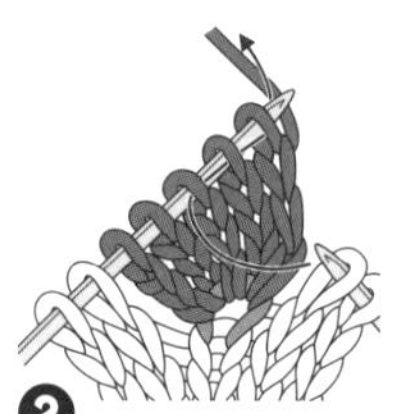

❷ 오른쪽 3코에 화살표와 같이 오른바늘을 넣어서 옮긴다.

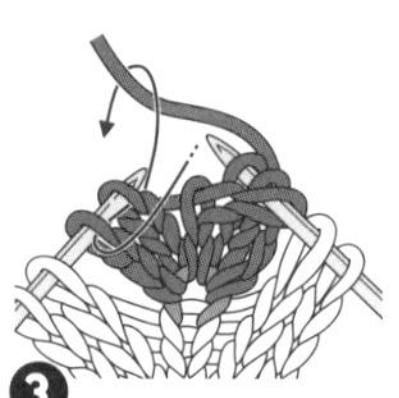

❸ 5번째 코와 4번째 코에 오른바늘을 한 번에 넣어 겉뜨기한다.

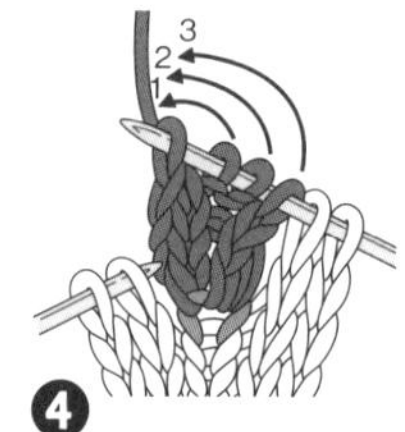

❹ 왼바늘을 사용해 오른바늘의 3코를 ❸에서 뜬 겉뜨기에 덮어씌운다.

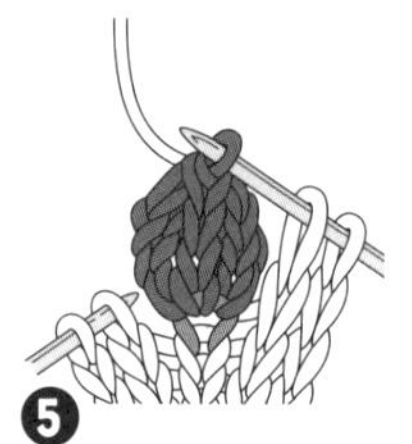

❺ 5코 5단 구슬뜨기(중심 5코 모아뜨기)를 했다.

오른코 늘리기

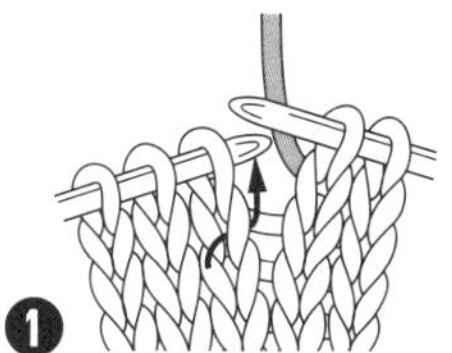

❶ 2단 앞단의 코를 화살표와 같이 오른바늘로 끌어올려서 겉뜨기로 뜬다.

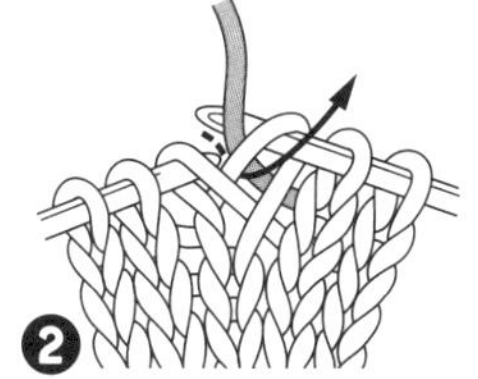

❷ 바늘에 걸려 있는 다음 코도 겉뜨기한다.

왼코 늘리기

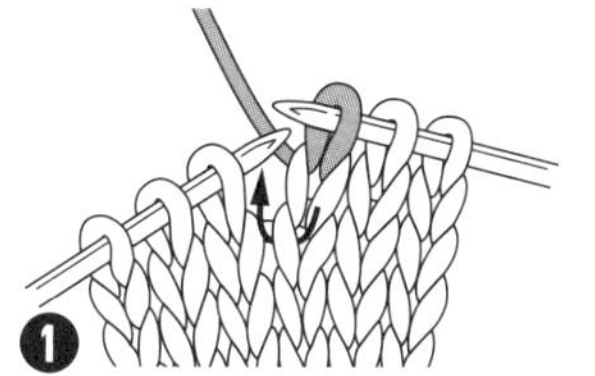

❶ 겉뜨기를 1코 뜨고, 2단 앞단의 코를 화살표와 같이 오른바늘로 끌어올린 다음

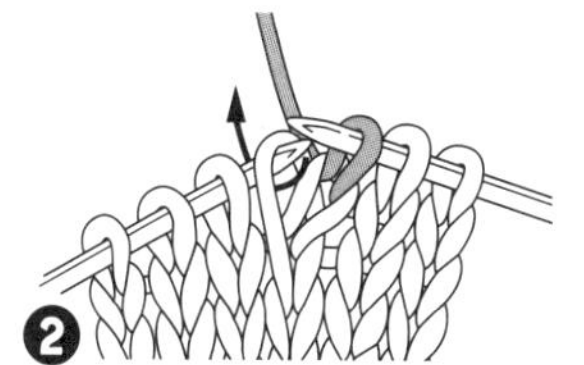

❷ 왼바늘에 걸어서 겉뜨기한다.

돌려뜨기 늘림코

오른쪽 ※ 좌우 구별이 없을 때는 이 방향으로 하면 좋아요.

왼쪽 돌려뜨기 늘림코

❶ 코와 코 사이의 실을 왼바늘에 걸고 오른쪽에서 화살표와 같이 바늘을 넣어

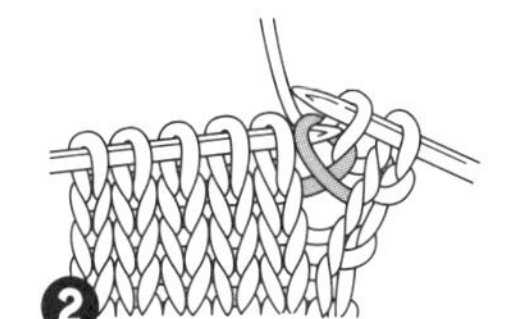

❷ 겉뜨기한다.

왼쪽

오른쪽 돌려뜨기 늘림코

❶ 코와 코 사이의 실을 왼바늘에 걸고 왼쪽에서 화살표와 같이 바늘을 넣어

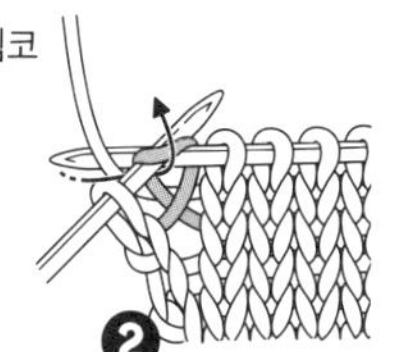

❷ 겉뜨기한다.

돌려 안뜨기 늘림코

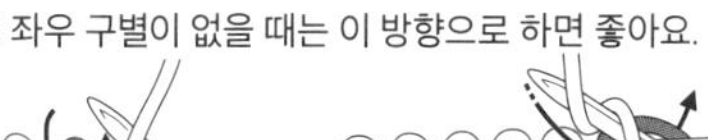

오른쪽 ※ 좌우 구별이 없을 때는 이 방향으로 하면 좋아요.

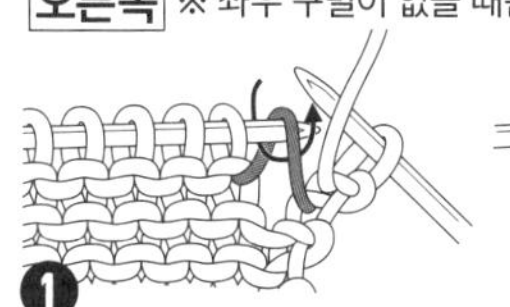

❶ 코와 코 사이의 실을 왼바늘에 걸고 왼쪽에서 화살표와 같이 바늘을 넣어

❷ 안뜨기한다.

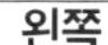

왼쪽

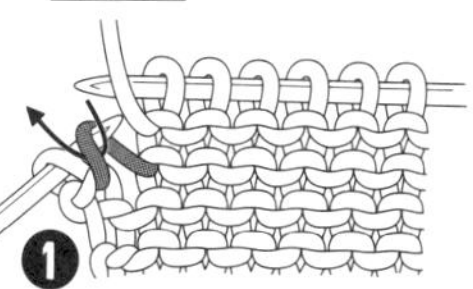

❶ 코와 코 사이의 실을 왼바늘에 걸고 오른쪽에서 화살표와 같이 바늘을 넣어

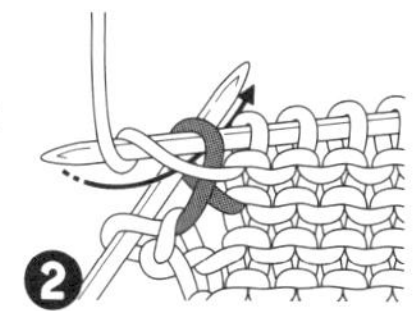

❷ 안뜨기한다

감아코
(2코 이상일 때)

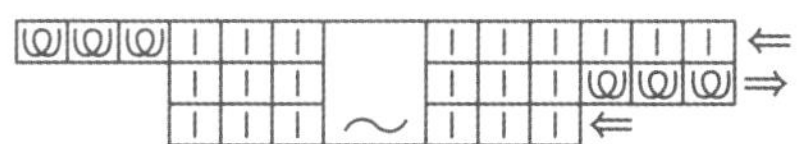

뜨개바탕 끝에서 대바늘에 실을 감아 코를 늘리는 방법입니다. 2코 이상은 뜨개 끝에서 늘리므로 좌우에서 1단이 어긋나지만, 1코라면 같은 단에서 만듭니다.

오른쪽

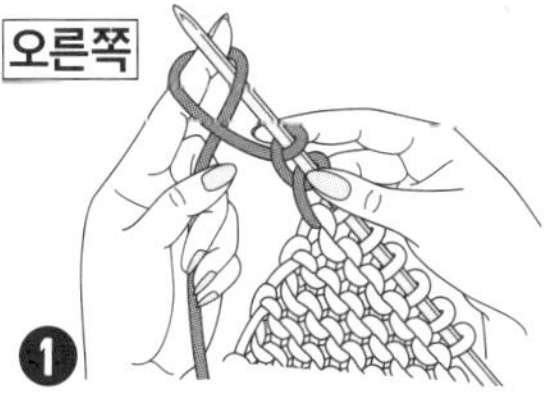

❶ 그림과 같이 검지에 실을 걸고, 바늘을 넣어 손가락을 뺀다.

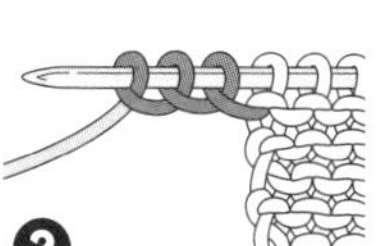

❷ ❶을 반복해 3코 감아코를 만들어 코를 늘렸다.

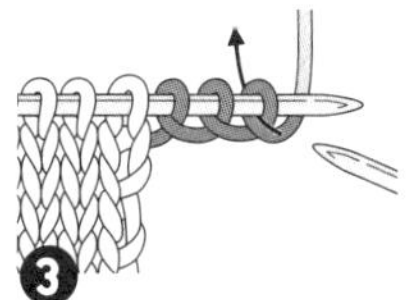

❸ 다음 단은 끝 코에 오른바늘을 화살표와 같이 넣고,

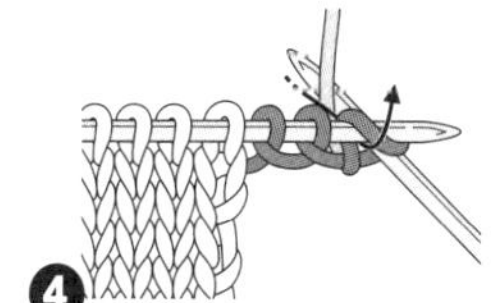

❹ 겉뜨기한다. 다음 코도 겉뜨기한다. 늘림코가 여러 단 이어질 때 끝 코는 걸러뜨기한다.

왼쪽

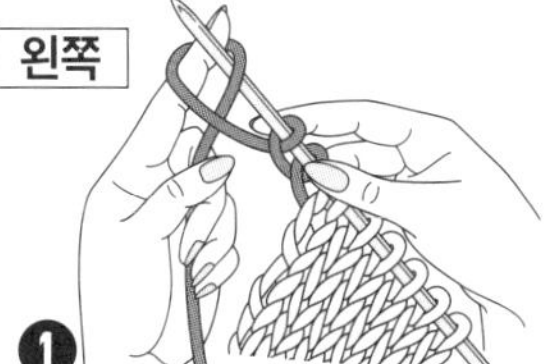

❶ 그림과 같이 검지에 실을 걸고, 바늘을 넣은 다음 손가락을 뺀다.

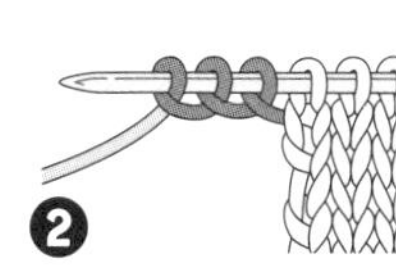

❷ ❶을 반복해 3코 감아코를 만들어 코를 늘렸다.

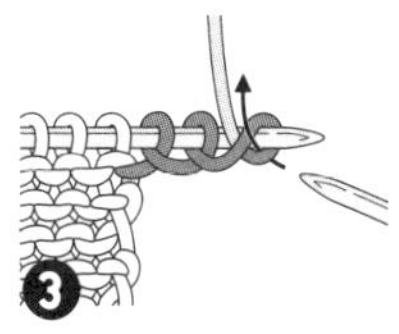

❸ 다음 단은 끝 코에 오른바늘을 화살표와 같이 넣고,

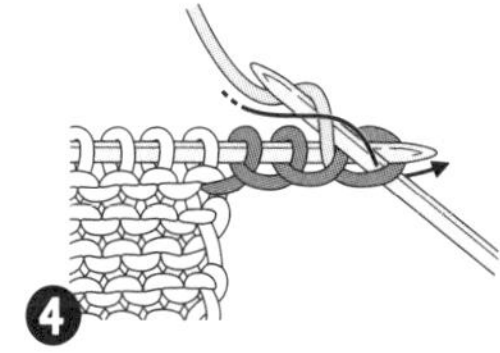

❹ 안뜨기한다. 다음 코도 안뜨기한다. 늘림코가 여러 단 이어질 때 끝 코는 걸러뜨기한다.

왼코 교차뜨기

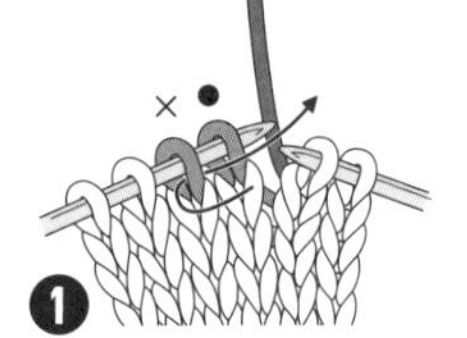

×코에 ●코의 앞쪽에서 화살표와 같이 오른바늘을 넣는다.

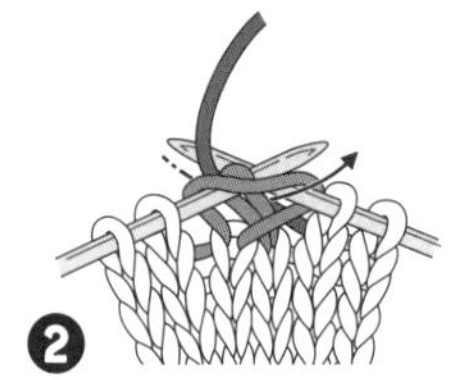

바늘에 실을 걸고 화살표와 같이 빼서 겉뜨기한다.

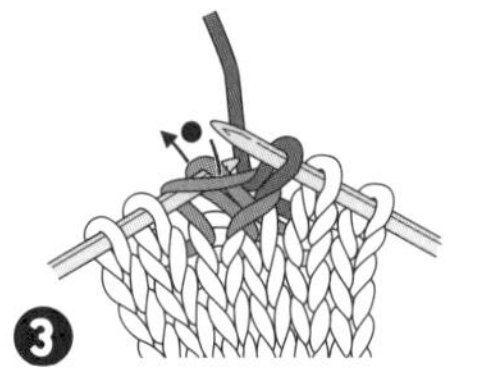

뜬 코는 그대로 두고, ●코에 바늘을 넣어 겉뜨기한다.

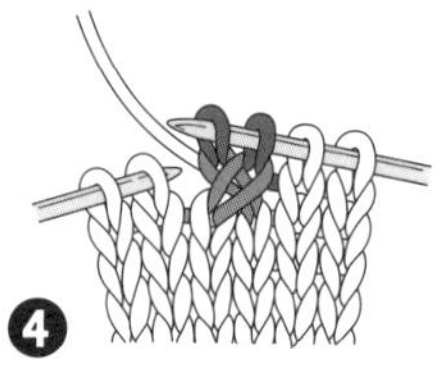

왼코 교차뜨기를 완성했다.

오른코 교차뜨기

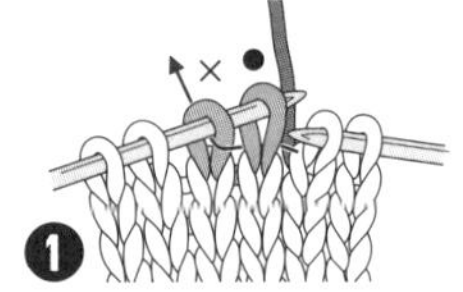

×코에 ●코의 뒤쪽에서 화살표와 같이 오른바늘을 넣는다.

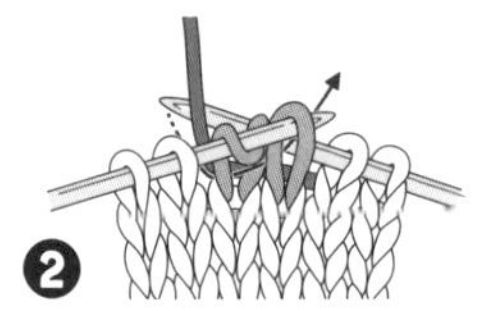

바늘에 실을 걸고 화살표와 같이 빼서 겉뜨기한다.

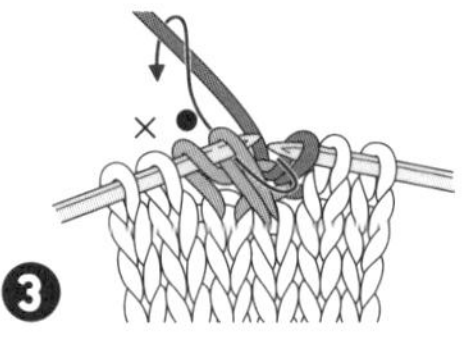

×코는 그대로 두고, ●코에 바늘을 넣어 겉뜨기한다.

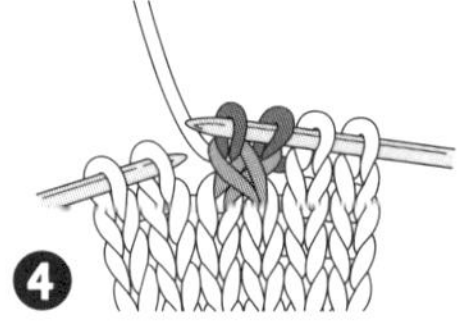

오른코 교차뜨기를 완성했다.

왼코 교차뜨기 (아래쪽 안뜨기)

오른코 앞쪽에서 왼코에 화살표와 같이 오른바늘을 넣어 겉뜨기한다.

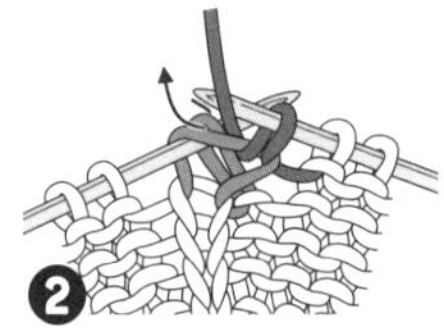

뜬 코는 그대로 두고, 뒤쪽에서 ●코에 바늘을 넣는다.

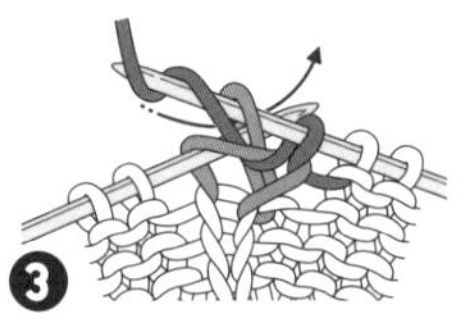

바늘에 실을 걸어 안뜨기로 뜬다.

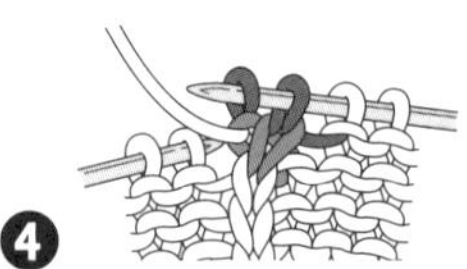

왼코 교차뜨기(아래쪽 안뜨기)를 완성했다.

오른코 교차뜨기 (아래쪽 안뜨기)

실을 앞쪽에 두고, ●코의 뒤쪽에서 ×코에 화살표와 같이 오른바늘을 넣는다.

바늘에 실을 걸고 안뜨기 한다.

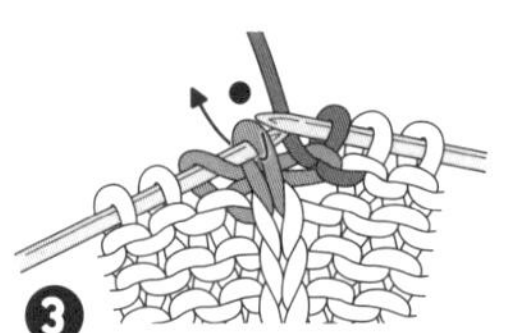

뜬 코는 그대로 두고, ●코에 바늘을 넣어 겉뜨기한다.

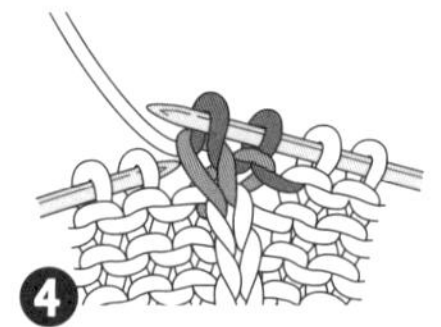

오른코 교차뜨기(아래쪽 안뜨기)를 완성했다.

왼코 위 2코 교차뜨기

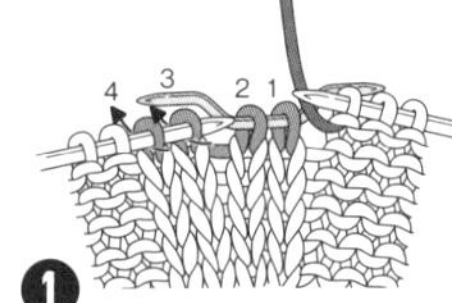

오른쪽 2코를 꽈배기바늘로 옮겨 뒤쪽에 두고 3·4의 코를 겉뜨기한다.

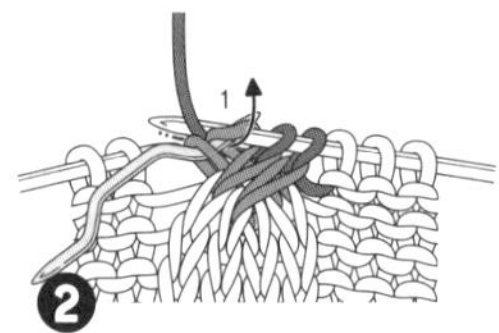

1의 코에 오른바늘을 넣고, 화살표와 같이 실을 빼서 겉뜨기한다.

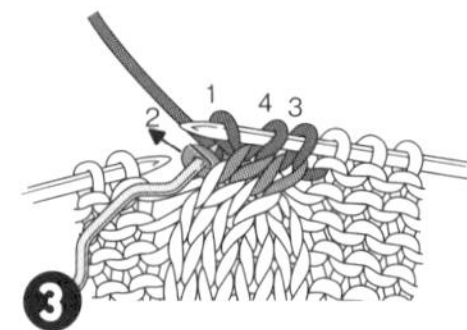

2의 코도 겉뜨기한다.

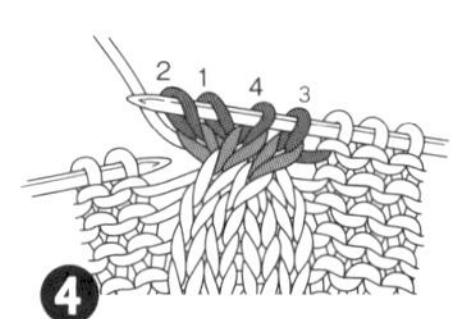

왼코 위 2코 교차뜨기를 완성했다.

오른코 위 2코 교차뜨기

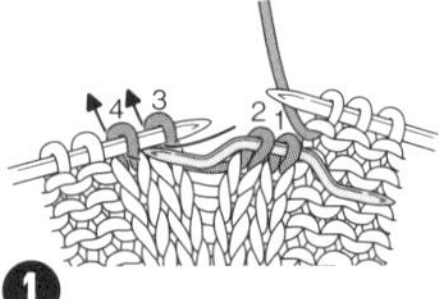

오른쪽 2코를 꽈배기바늘로 옮겨 앞쪽에 두고 3·4의 코를 겉뜨기한다.

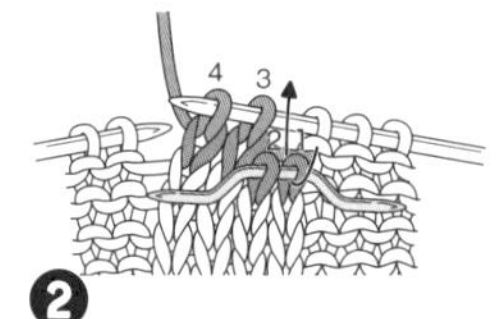

1의 코에 화살표와 같이 오른바늘을 넣고 겉뜨기한다.

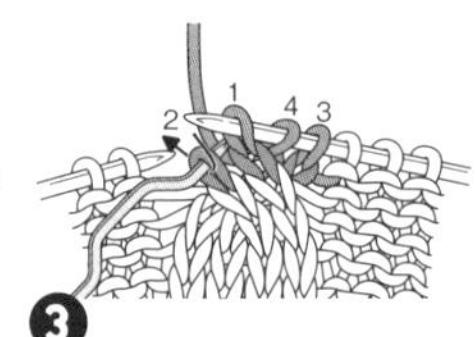

2의 코도 똑같이 겉뜨기한다.

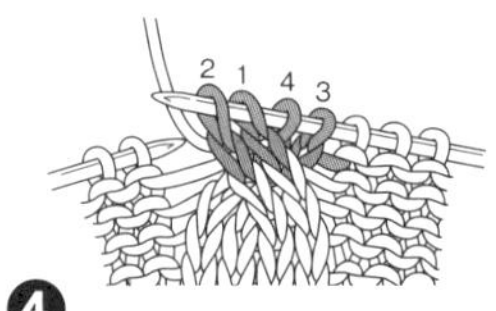

오른코 위 2코 교차뜨기를 완성했다.

오른코 위 2코 교차뜨기 (중앙에 안뜨기 1코 넣기)

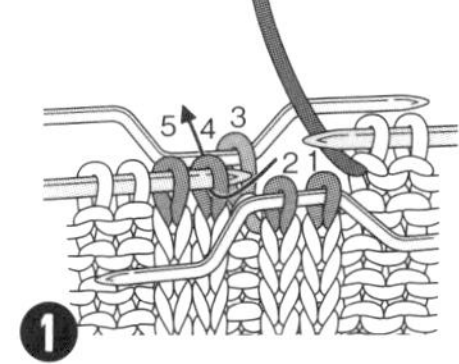

❶ 1·2의 코는 앞쪽에, 3의 코는 뒤쪽에 둔다. 4·5의 코는 겉뜨기한다.

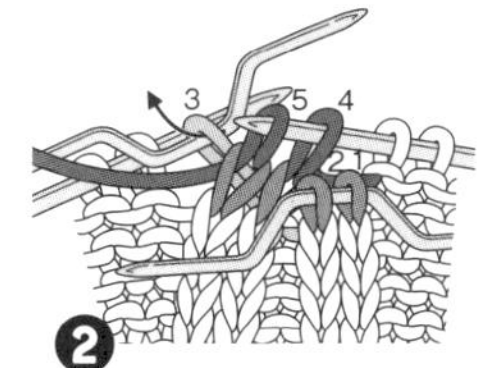

❷ 3의 코에 화살표와 같이 오른바늘을 넣고 안뜨기한다.

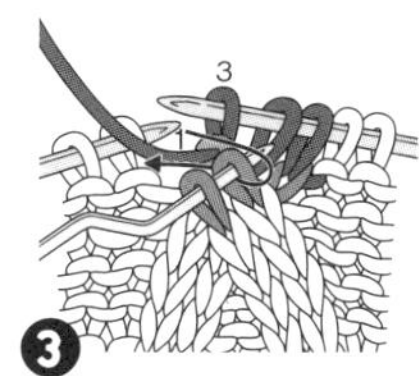

❸ 1·2의 코를 겉뜨기한다.

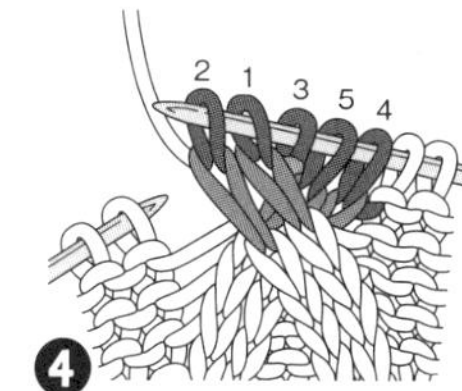

❹ 오른코 위 2코 교차뜨기(중앙에 안뜨기 1코 넣기)를 완성했다.

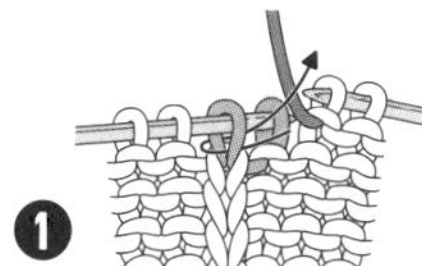

왼코 위 돌려 교차뜨기 (아래쪽 안뜨기)

❶ 왼코에 오른코의 앞쪽에서 화살표와 같이 오른바늘을 넣고, 오른코의 오른쪽으로 코를 당겨서 뺀다.

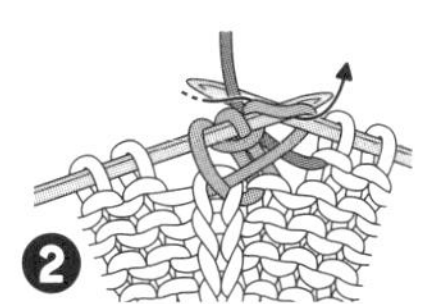

❷ 바늘에 실을 걸고 화살표와 같이 실을 빼서 돌려뜨기로 겉뜨기한다.

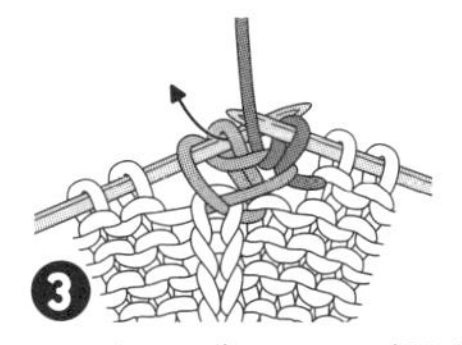

❸ 뜬 코는 그대로 두고, 뒤쪽에서 오른코에 화살표와 같이 오른바늘을 넣어 안뜨기한다.

❹ 왼코 위 돌려 교차뜨기(아래쪽 안뜨기)를 완성했다.

오른코 위 돌려 교차뜨기 (아래쪽 안뜨기)

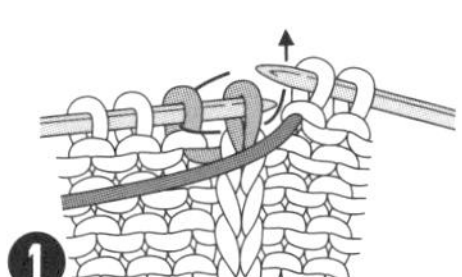

❶ 왼코에 오른코의 뒤쪽에서 화살표와 같이 오른바늘을 넣고,

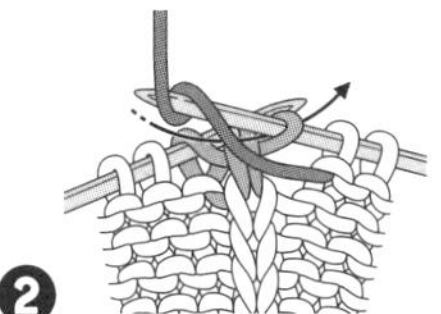

❷ 오른코의 오른쪽으로 코를 당겨서 뺀다. 바늘에 실을 걸고 화살표와 같이 실을 빼서 안뜨기한다.

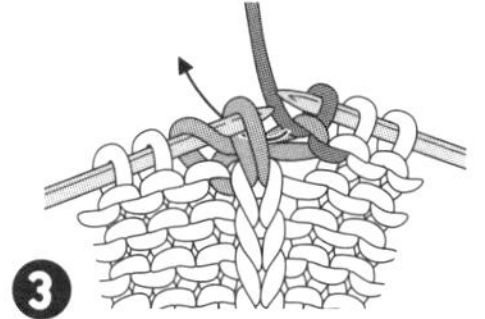

❸ 뜬 코는 그대로 두고, 오른코에 화살표와 같이 오른바늘을 넣어 돌려뜨기로 겉뜨기한다.

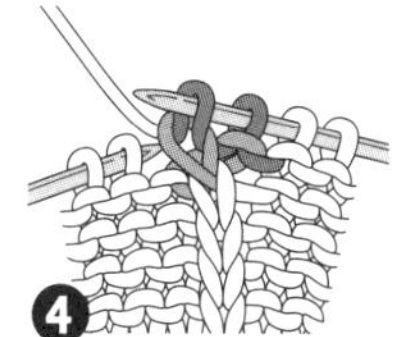

❹ 오른코 위 돌려 교차뜨기(아래쪽 안뜨기)를 완성했다.

왼코 위 돌려 교차뜨기 (중앙에 안뜨기 1코 넣기)

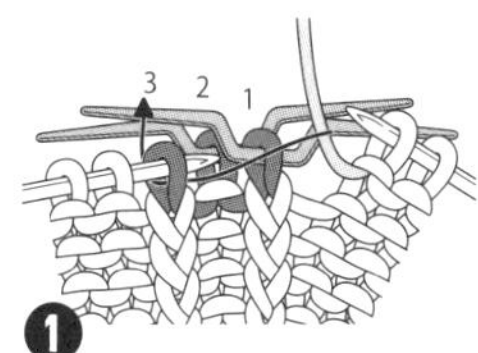

❶ 1·2의 코를 꽈배기바늘 2개로 각각 옮겨 뒤쪽에 둔다. 3의 코에 화살표와 같이 오른바늘을 넣고 돌려뜨기로 겉뜨기한다.

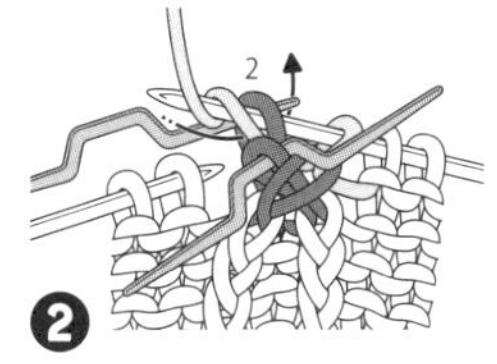

❷ 2의 코 뒤쪽에서 오른바늘을 넣고, 화살표와 같이 실을 빼서 안뜨기한다.

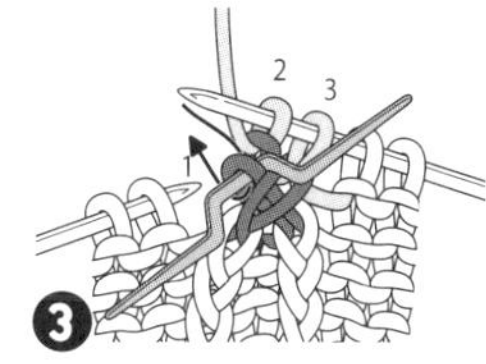

❸ 1의 코에 화살표와 같이 오른바늘을 넣고 돌려뜨기로 겉뜨기한다.

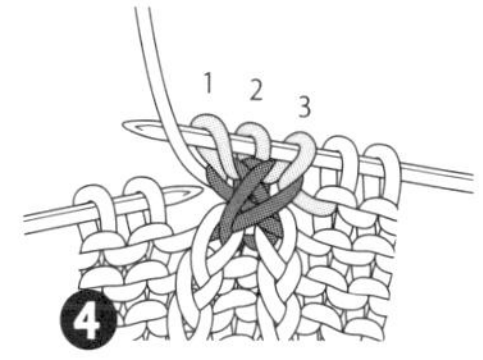

❹ 왼코 위 돌려 교차뜨기(중앙에 안뜨기 1코 넣기)를 완성했다.

영국 고무뜨기 (양면 끌어올리기) (브리오슈뜨기)

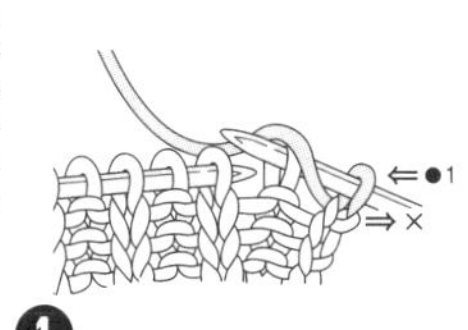

❶ 1단(●)에서 작업을 시작한다. 끝의 겉뜨기는 뜨고, 안뜨기는 뜨지 않은 상태에서 오른바늘로 옮겨(코의 방향을 바꾸지 않는다) 실을 건다.

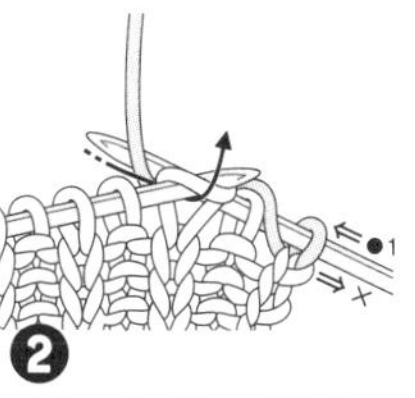

❷ 다음 코는 겉뜨기한다.

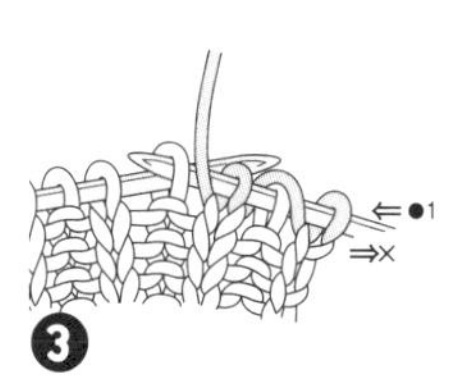

❸ '안뜨기는 뜨지 않고, 오른바늘로 옮기고, 실을 걸어서 겉뜨기'를 반복한다.

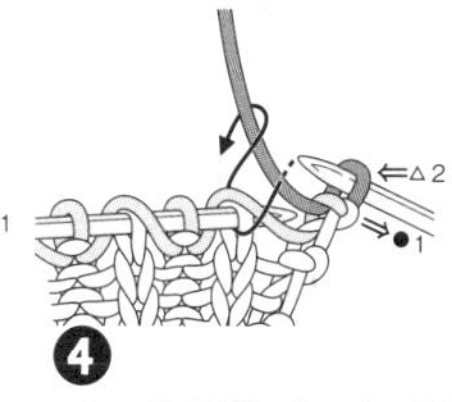

❹ 2단(△)은 끝을 안뜨기, 다음 코는 앞단에서 건 실과 함께 겉뜨기한다.

오른쪽으로 빼낸 매듭뜨기 (3코일 때)

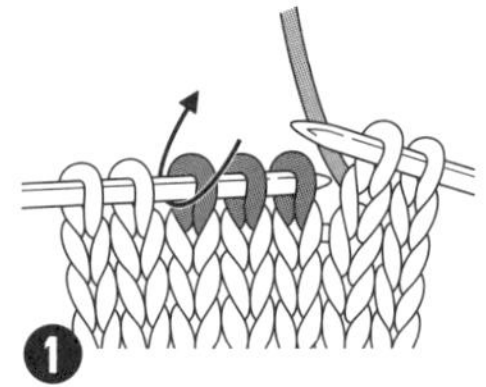
❶ 3코 앞의 코와 코 사이에 화살표와 같이 오른바늘을 넣고, 실을 걸어서 뺀다.

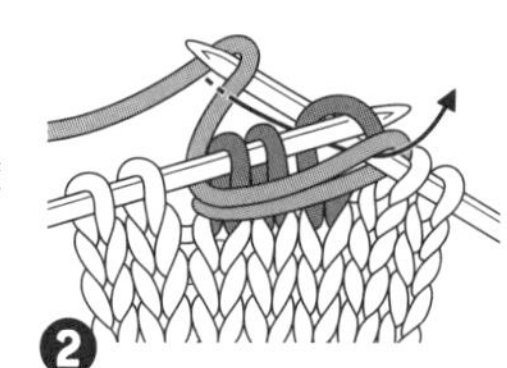
❷ 당겨서 뺀 코의 방향을 바꾸고 1번째 코와 함께 겉뜨기한다.

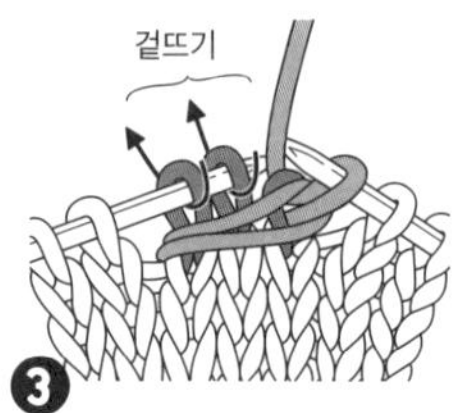

❸ 다음 2코도 겉뜨기한다.

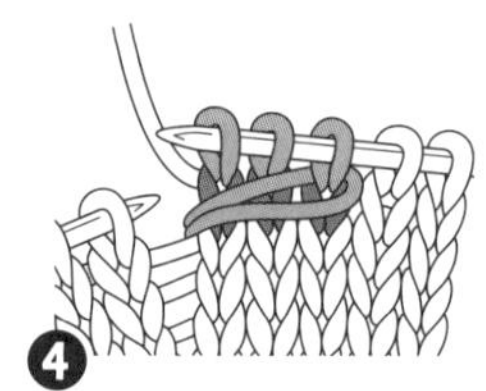
❹ 오른쪽으로 빼낸 매듭뜨기(3코일 때)를 완성했다.

실을 세로로 걸치는 배색뜨기

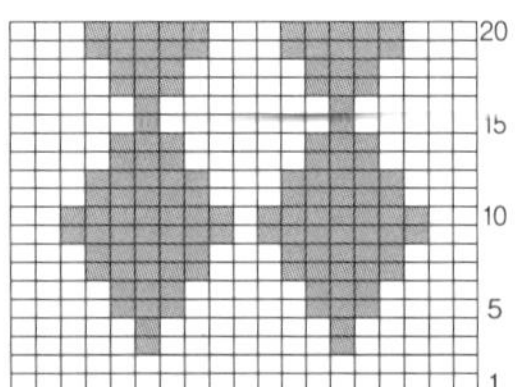

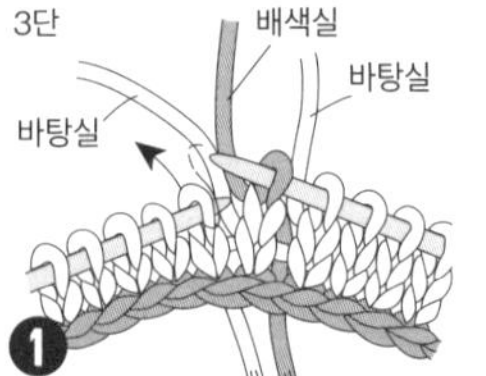

❶ 다이아몬드 무늬의 뾰족한 끝부분에 실을 각각 연결해 뜨개를 시작한다.

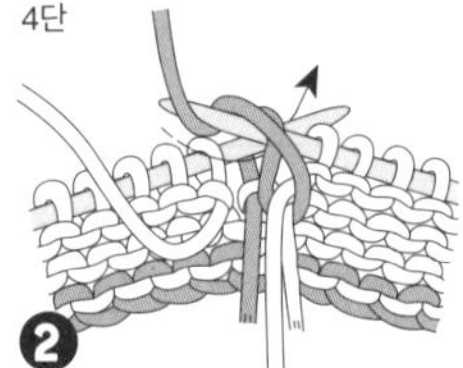

❷ 배색실로 바꿀 때는 바탕실 밑을 지나게 해 교차시킨다.

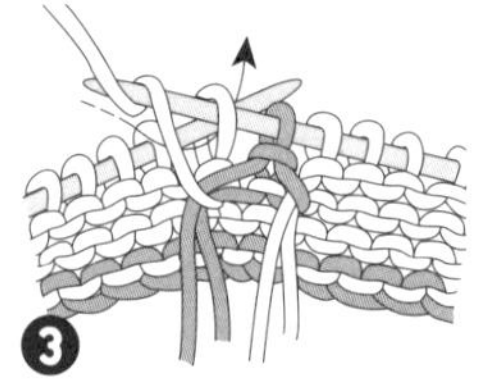
❸ 바탕실로 바꿀 때도 밑부터 끌어올려 교차시킨다.

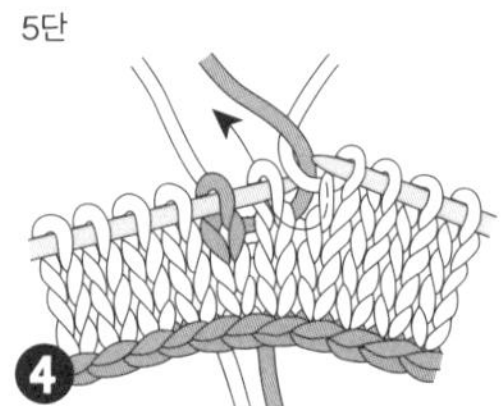

❹ 겉면을 보고 뜨는 단도 뜨는 실을 밑부터 끌어올려 교차한다.

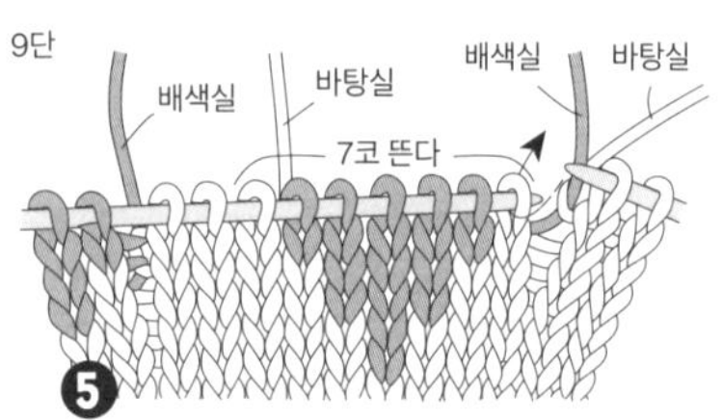

❺ 이 무늬는 2단마다 반복하는 다이아몬드 무늬이니 겉뜨기 쪽에서 무늬가 바뀐다.

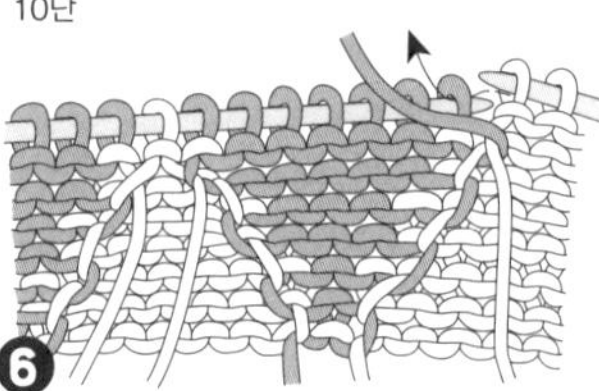

❻ 안뜨기 쪽은 앞단과 같은 색으로 뜬다. 색을 바꿀 때는 2색을 교차한다.

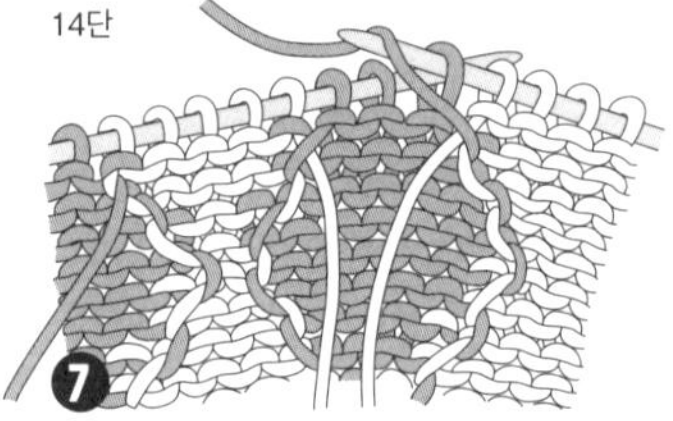

❼ 14단을 뜨고 있는 모습. 안면은 이런 상태다.

실을 가로로 걸치는 배색뜨기

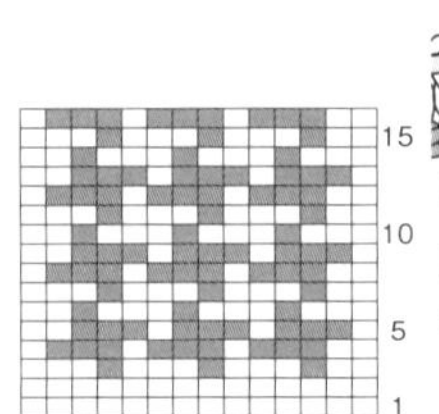

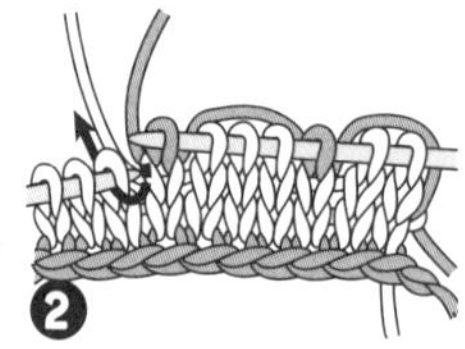

❶ B실을 끼우고 뜨개를 시작해 A실로 2코, B실로 1코를 뜬다.

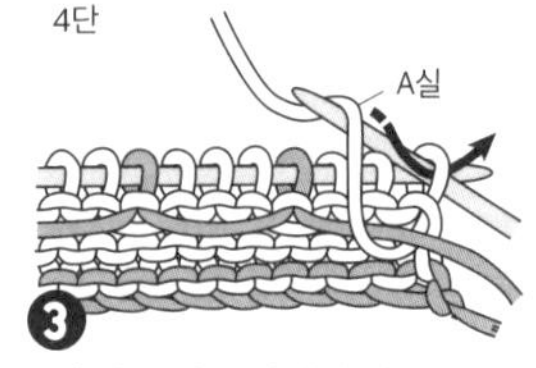
❷ B실은 위, A실은 아래로 지나게 해 A실 3코, B실 1코를 반복한다.

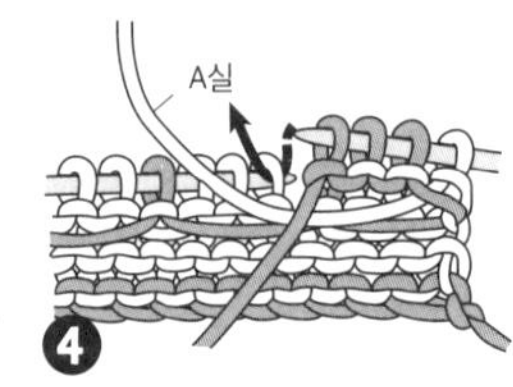

❸ 4단의 뜨개를 시작한다. B실을 끼우고 1번째 코를 뜬다.

❹ 안뜨기를 뜰 때도 B실은 위, A실은 아래로 지나게 해서 뜬다.

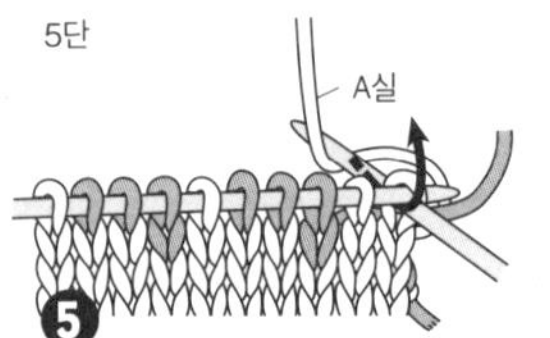

❺ 단이 바뀔 때는 뜨는 실에 쉬는 실을 끼우고 뜨개를 시작한다.

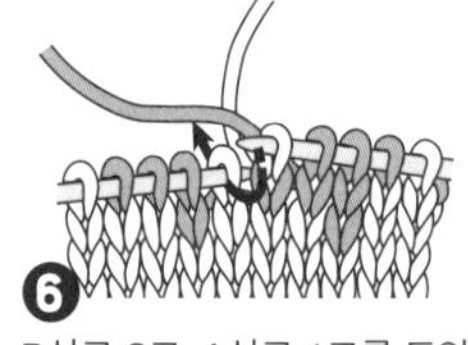
❻ B실로 3코, A실로 1코를 도안대로 반복한다.

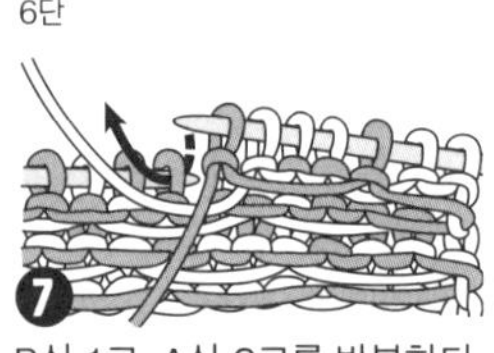

❼ B실 1코, A실 3코를 반복한다. 이 단으로 1무늬를 완성했다.

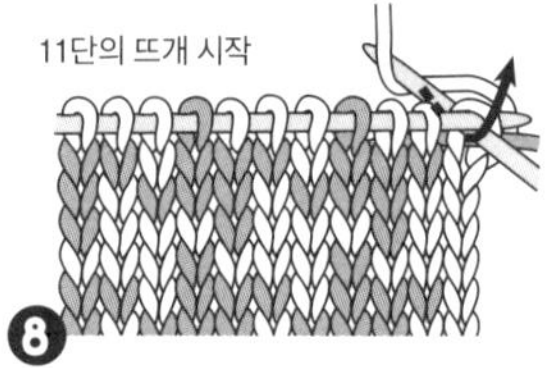

❽ 다시 4단을 떠서 새 발 격자무늬의 2무늬를 떴다.

덮어씌워 코막음 (겉뜨기)

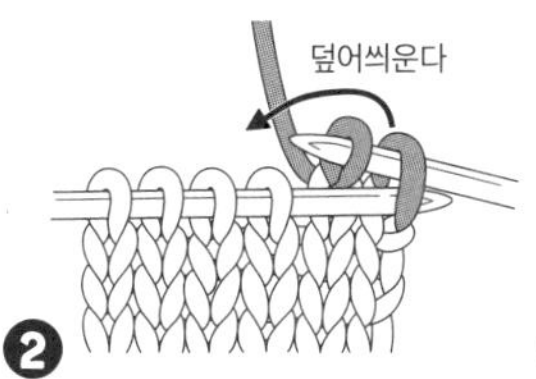

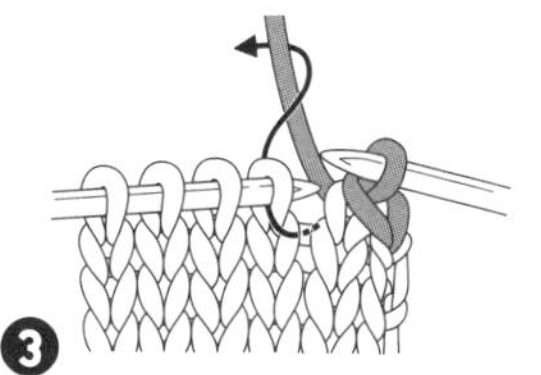

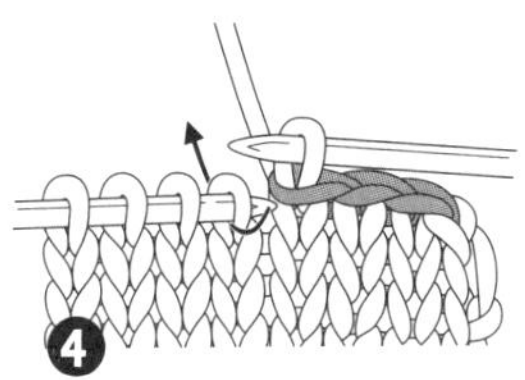

❶ 겉뜨기를 2코 뜬다.

❷ 오른코를 왼코에 덮어씌운다.

❸ 덮어씌우기 1코를 떴다. 다음 코도 겉뜨기로 뜨고, ❷와 같은 방법으로 덮어씌운다.

❹ '1코 겉뜨기하고 덮어씌우기'를 반복해 덮어씌워 코막음을 한다.

잇기·꿰매기

돗바늘로 잇기(메리야스뜨기)

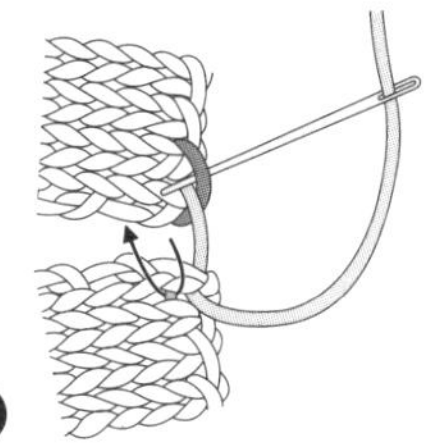

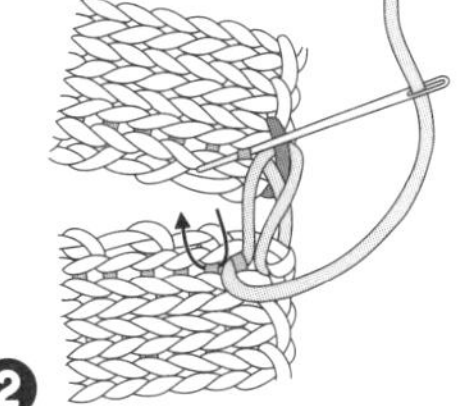

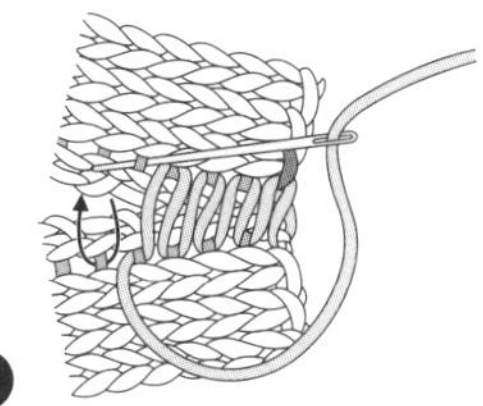

❶ 돗바늘로 앞쪽과 뒤쪽 뜨개바탕의 기초코를 뜬다.

❷ 끝의 1코 안쪽의 싱커 루프(코 사이에 걸려 있는 실)를 1단씩 번갈아 뜨고 실을 당긴다.

❸ '싱커 루프를 돗바늘로 뜨고 실 당기기'를 반복한다. 꿰매는 실은 보이지 않을 정도로 당긴다.

빼뜨기로 꿰매기(코바늘로 할 때)

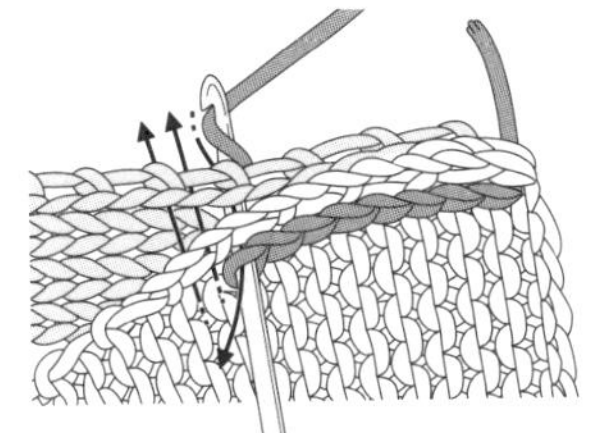

뜨개바탕을 겉면끼리 맞닿게 겹친 다음 코바늘로 빼뜨기를 뜨면서 꿰맨다.

덮어씌워 잇기

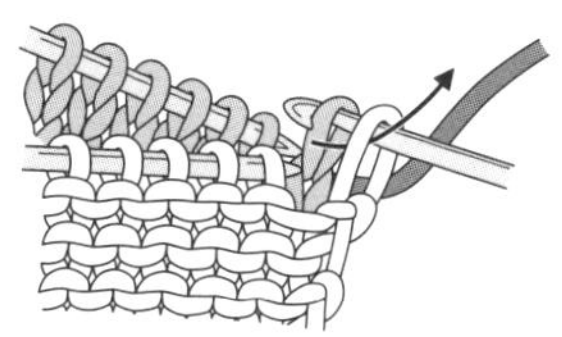

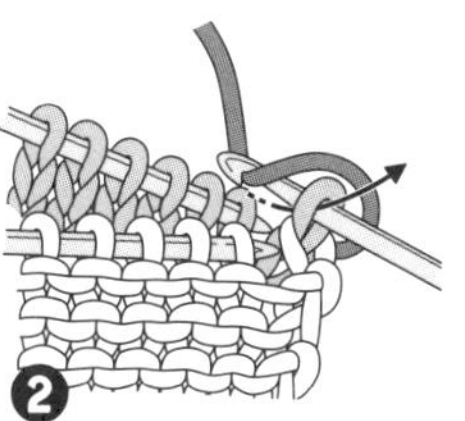

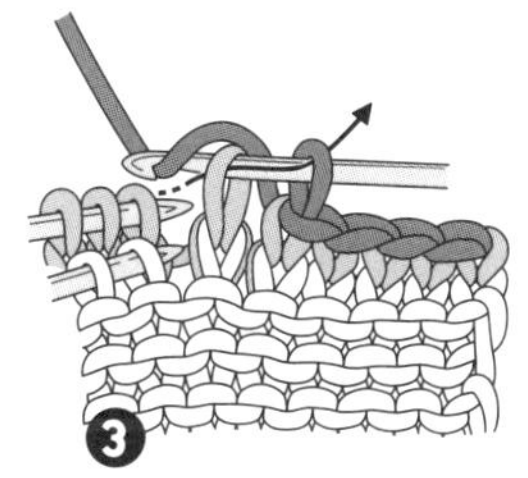

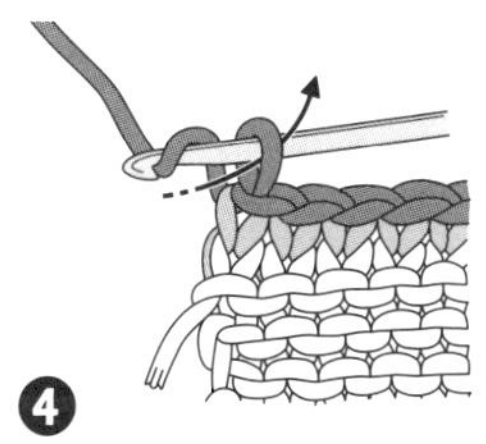

❶ 뜨개바탕 겉면끼리 맞닿게 겹치고, 앞쪽 코에 코바늘을 넣어 뒤쪽 코를 뺀다.

❷ 바늘에 실을 걸고 뺀다.

❸ ❶과 ❷를 반복한다.

❹ 끝으로 남은 코에 실을 통과시킨다.

메리야스 잇기(양쪽 코)

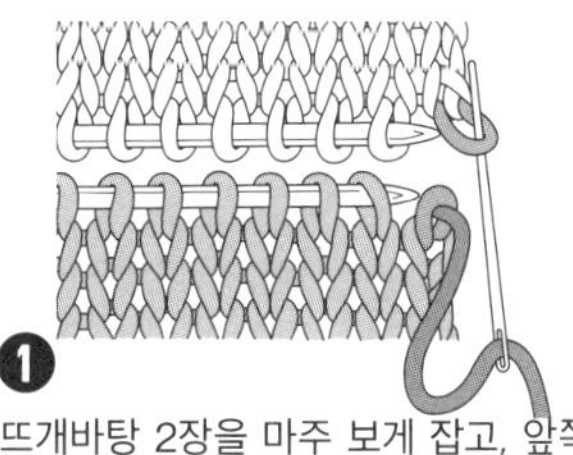

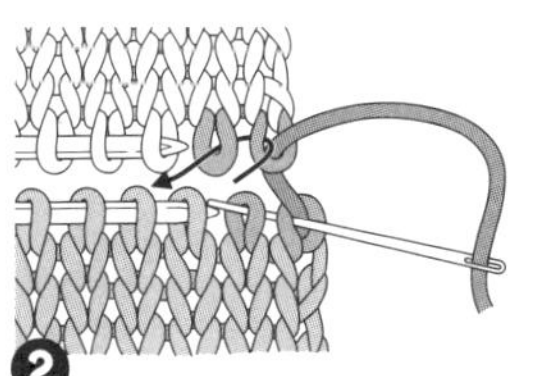

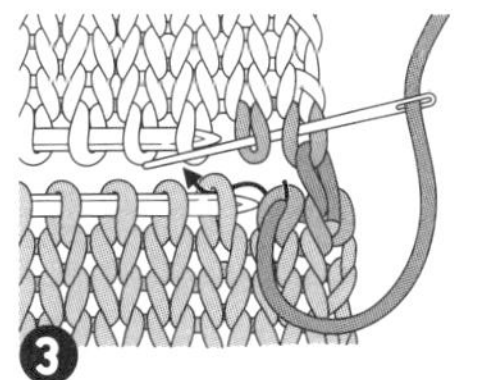

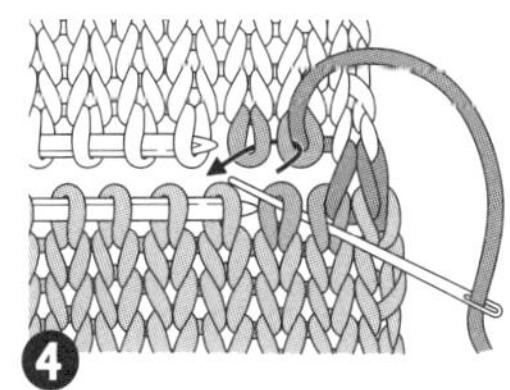

❶ 뜨개바탕 2장을 마주 보게 잡고, 앞쪽의 끝 코와 뒤쪽의 끝 코에 뒤쪽에서 돗바늘을 넣는다.

❷ 앞쪽 2코, 다음으로 뒤쪽 2코에 화살표와 같이 바늘을 넣는다.

❸ 다음으로 앞쪽 2코에 화살표와 같이 바늘을 넣는다.

❹ 다음으로 뒤쪽 2코에 바늘을 넣는다. ❷~❹를 반복한다.

코와 단 잇기
(한쪽이 코, 다른 한쪽이 단일 때)

돗바늘로 단은 1단을, 코는 2코를 뜬다. 단 쪽이 많을 때는 군데군데 2단을 떠서 조정하고, 잇는 실은 보이지 않을 정도로 당긴다.

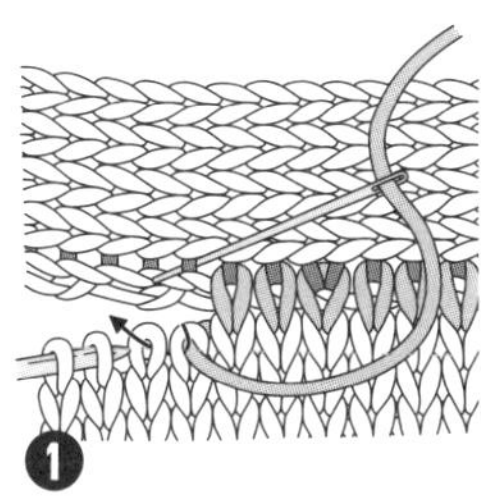

❶

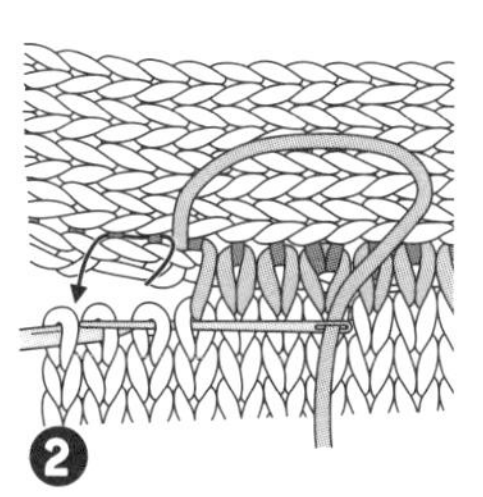

❷

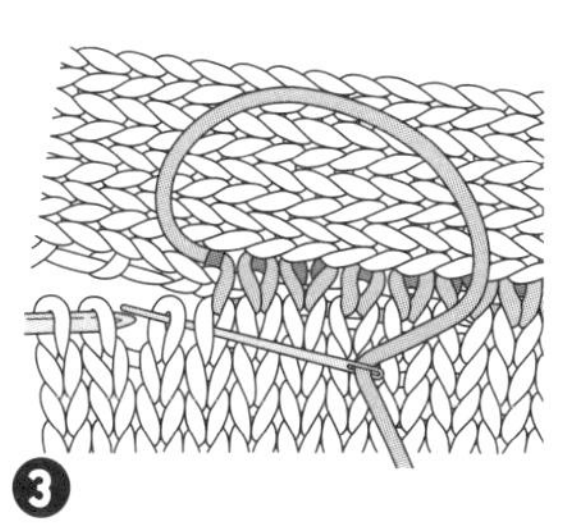

❸

장갑의 코늘리기와 코줍기

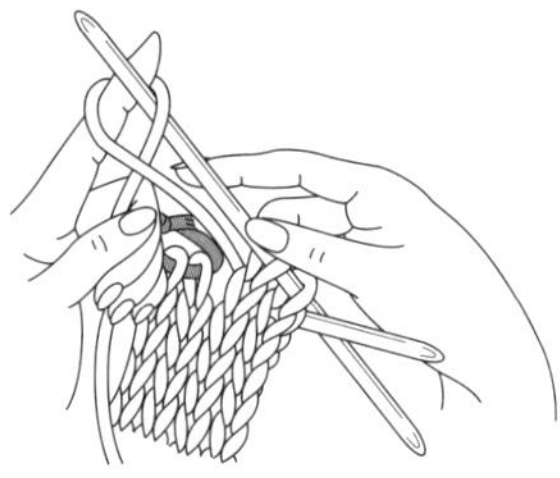

손가락 옆면은 실 끝을 손가락에 걸고 감아코로 1코를 만든다.

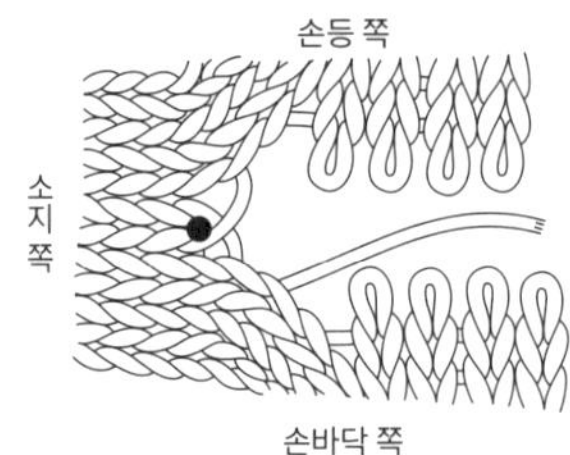

감아코에서 코를 주울 때는 ● 위치에 바늘을 넣고, 실을 걸어서 뺀다.

손가락 끝부분은 실 끝을 조금 남겨 자르고 바늘에 끼운 다음 남은 코에 실을 2회 통과시켜 조인다.

되돌아뜨기(겉뜨기일 때)

어깨 경사 같은 곳에 사용하는 방법으로, 2단마다 뜨개코를 남기고 방향을 바꾸면서 뜹니다. 필요한 횟수만큼 되돌아뜨기를 하고 단 정리를 해 단차를 정돈합니다.

오른쪽

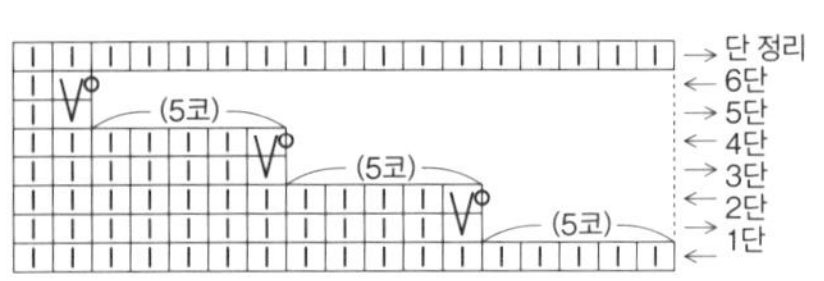

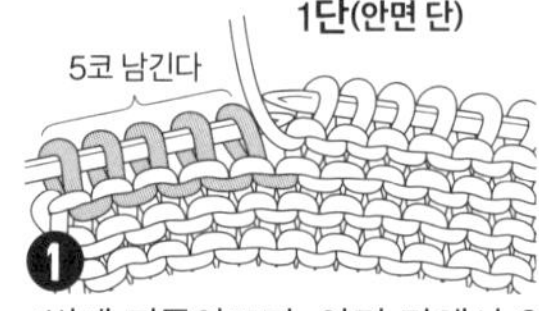

❶ 1번째 되돌아뜨기. 안면 단에서 왼바늘에 5코가 남을 때까지 뜬다.

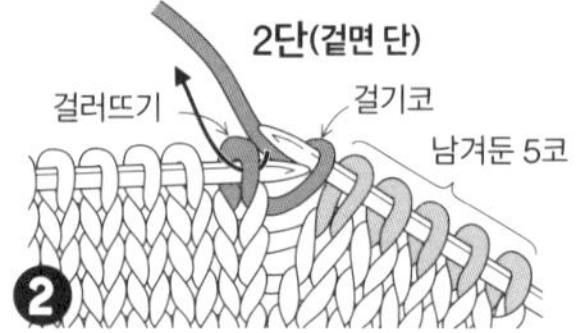

❷ 뜨개바탕을 돌린 다음 걸기코를 하고 왼바늘의 1번째 코를 그대로 오른바늘로 옮긴다(걸러뜨기).

❸ 오른바늘로 옮긴 모습. 다음 코부터는 겉뜨기한다.

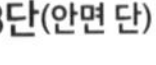

❹ 2번째 되돌아뜨기. 왼바늘에 걸러뜨기 코부터 세어서 5코 남을 때까지 뜬다.

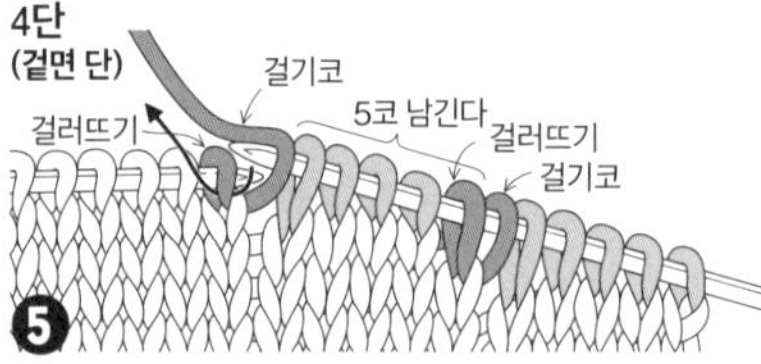

❺ 뜨개바탕을 돌린 다음 ❷와 같이 걸기코, 걸러뜨기를 하고, 나머지는 겉뜨기한다. ❹와 ❺를 반복한다.

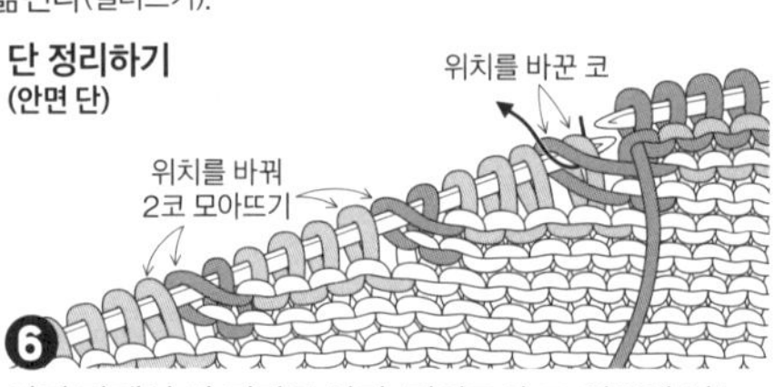

❻ 안면 단에서 단 정리를 한다. 걸기코와 그 왼쪽에 있는 코의 위치를 바꿔(코의 위치 바꾸기 참조) 2코 모아 안뜨기를 한다.

코의 위치 바꾸기 (안면 단)

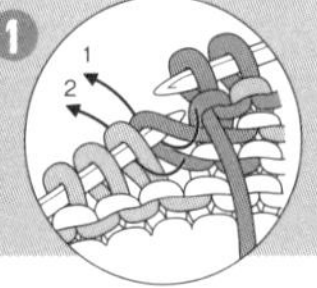

❶ 실을 앞쪽에 두고, 1·2 순으로 2코를 오른바늘로 옮긴다.

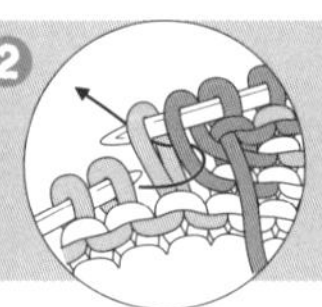

❷ 옮긴 2코에 화살표와 같이 왼바늘을 넣어, 다시 왼바늘로 코를 옮긴다.

왼쪽

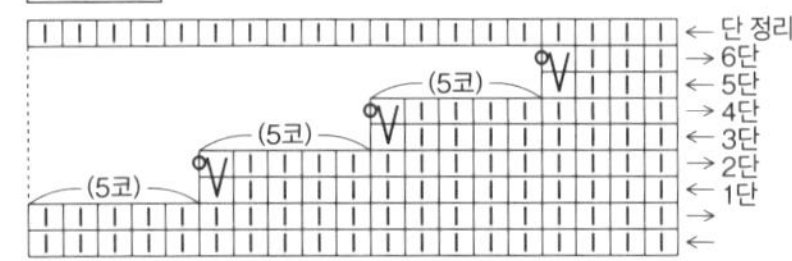

왼쪽의 되돌아뜨기는 오른쪽보다 1단 늦게 시작합니다. 그 결과 왼쪽은 단 정리 분량이 1단 더 많습니다. 어깨를 이어서 앞뒤 몸판을 합치면 좌우의 단차는 상쇄되어 단수는 같아집니다.

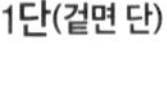

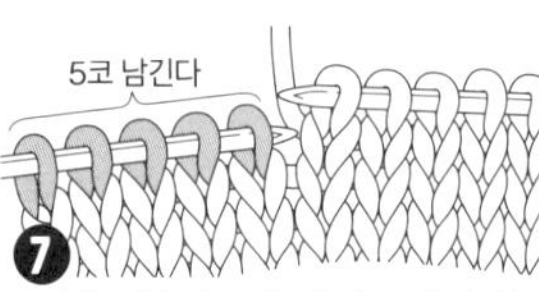

❼ 1번째 되돌아뜨기. 겉면 단에서 왼바늘에 5코가 남을 때까지 뜬다.

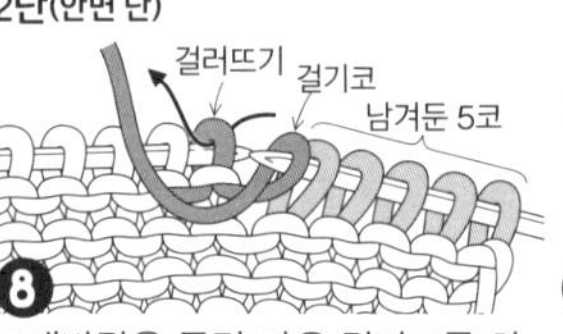

❽ 뜨개바탕을 돌린 다음 걸기코를 하고 왼바늘의 1번째 코를 그대로 오른바늘로 옮긴다.

❾ 오른바늘로 옮긴 모습. 다음 코부터는 안뜨기한다.

❿ 2번째 되돌아뜨기. 왼바늘에 걸러뜨기 코부터 세어서 5코가 남을 때까지 뜬다.

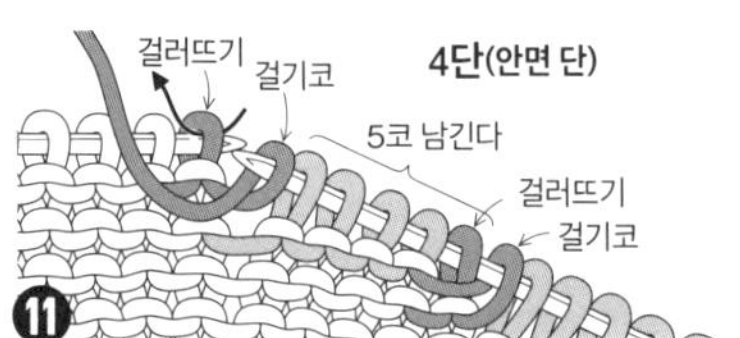

⓫ 뜨개바탕을 돌린 다음 ❷와 같이 걸기코, 걸러뜨기를 하고, 나머지는 안뜨기한다. ❿과 ⓫을 반복한다.

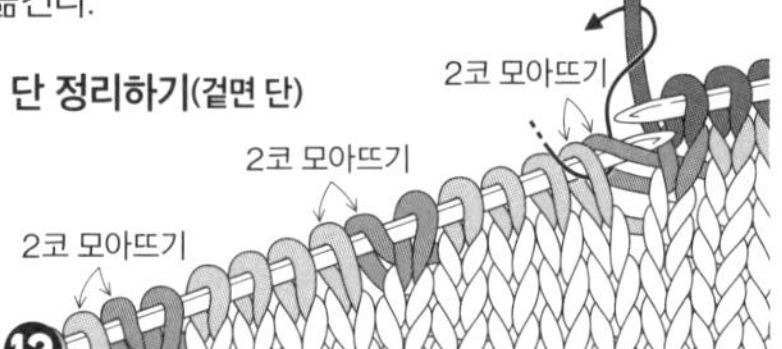

⓬ 겉면 단에서 단 정리를 한다. 코는 위치를 바꾸지 않고, 걸기코와 그 왼쪽 코에 화살표와 같이 바늘을 넣고 2코 모아뜨기를 한다.

첫 책《amuhibi KNIT BOOK》을 예상치도 못하게 많은 분들이 사랑해주었습니다. 출간 제안을 받았을 당시 오리지널 작품은 손에 꼽을 수 있을 정도로만 만들어본 상태였지만, 머릿속에는 만들고 싶은 니트가 가득해서 할 수 있을지 고민도 하기 전에 '하겠습니다!'라고 대답을 하고는 책을 위한 디자인 작업에 들어갔습니다.

머릿속에 있던 디자인이 한 장 한 장 눈앞에 완성되어가는 감동의 날들이었습니다. 되돌아보면 재밌었다는 기억만 남아 있어 이번 책에 대한 제안도 흔쾌히 수락했고, 그래서 이렇게 여러분과 다시 만나게 됐습니다.

제 디자인을 좋아해주고 작품을 떠주는 니터 여러분, 고마워요. 그러한 모습을 소셜 미디어 등에서 매일 볼 수 있었습니다. 제 디자인이 생각지도 못한 실, 상상도 못 한 배색으로 재탄생한 작품들을 보고 감탄하기도 하고 놀라기도 했답니다. 마치 책 제작에 몰두했던 자신에게 주는 보상 같은, 행복하고 즐거운 시간이었습니다.

책과 똑같은 실, 똑같은 색으로 떠준 독자분들의 작품도 니터마다의 개성을 담고 있어 손으로 만드는 일이란 새삼 멋지다고 느끼는 기회가 되기도 했답니다. 체크 시트 덕분에 처음으로 스웨터를 완성할 수 있었다는 소식도 받았지요. 첫 스웨터로 제 디자인을 선택하다니, 이런 영광스러운 일이 또 있을까요.

이 책을 만들던 중 저에게 손뜨개의 세계를 알려주시고, 체크 시트에 관한 아이디어를 주셨던 엄마가 돌아가셨습니다. 2022년 막 출간한 첫 책을 엄마가 입원한 곳으로 보내어 "책 보셨어요?" 하고 전화로 물었더니 "봤단다. 대단하던데?"라고 대답해주셨지요. 그동안 좀처럼 들을 수 없었던 엄마로부터의 칭찬이었습니다. 책 덕분에 엄마의 마음을 기쁘게 해줄 수 있었습니다.

이 책을 만드는 데 협력해준 모든 분들에게 감사한 마음을 전합니다. 이 책은 저의 첫 책을 함께 만든 구성원과 다시 한번 손발을 맞췄습니다. 한 사람이라도 빠지는 건 싫다는 마음에 편집부에 부탁을 했고, 다행히 이렇게 또 함께 책을 만들 수 있어서 기뻤습니다.

니터 여러분, '뜨개질이 가능한 손'을 얻으려면 익숙해질 때까지 시간이 조금 걸리겠지만, 일단 갖게 된 '뜨개질 가능한 손'은 언제까지고 뜨는 법을 잊어버리지 않는답니다. 이 손은 당신의 보물이 되고, 분명 아주 오랫동안 당신을 즐겁게 해줄 거예요. 뜨개질의 즐거움을 이 책에서 발견할 수 있기를 바랍니다.

PROFILE

우메모토 미키코(梅本美紀子 Mikiko Umemoto)

그래픽 디자이너와 아트 디렉터를 거쳐 2018년 말에 온라인 숍 amuhibiknit를, 2021년에는 후쿠오카시 주오구에 뜨개교실을 겸한 수입 털실 전문점 amuhibi를 오픈했다. 경력을 살려 Hayamiz ring, knitter's oil 등 오리지널 상품을 기획 및 제작하고 있다. 지은 책으로는 《amuhibi KNIT BOOK》이 있다. 고양이 5마리와 개 1마리, 그리고 남편의 대가족과 함께 지내고 있다.

STAFF
북 디자인 —— 후지타 고헤이(Barber)
촬영 —— 고지마 료헤이, 혼마 노부히코(P.20, 38~45)
스타일링 —— 사노 유미
헤어&메이크업 —— 이시카와 지에
모델 —— ANISIA
제작 협력 —— 사와다 미키, 나카야마 가요, 사카구치 사치코, 야스오카 사키
만드는 법 —— 오마에 가오리
트레이스 —— 시라이 마이
기초 컷 일러스트 —— 고이케 유리호
편집 협력 —— 미네 히로코, 고바야시 미호, 요시에 마미, 난바 마리,
쓰치야 에미코, 고마노야 히카리
편집 담당 —— 다니야마 아키코, 소가 게이코

amuhibi의
가장 좋아하는 니트

1판 1쇄 발행 —— 2024년 3월 7일
1판 2쇄 발행 —— 2024년 4월 11일

지은이 —— 우메모토 미키코
옮긴이 —— 강수현
펴낸이 —— 김기옥

실용본부장 —— 박재성
편집 실용2팀 —— 이나리, 장윤선
마케터 —— 이지수
지원 —— 고광현, 김형식

디자인 —— 푸른나무디자인
인쇄·제본 —— 민언프린텍

펴낸곳 한스미디어(한즈미디어(주))
주소 04037 서울시 마포구 양화로 11길 13(서교동, 강원빌딩 5층)
전화 02-707-0337 | **팩스** 02-707-0198 | **홈페이지** www.hansmedia.com
출판신고번호 제 313-2003-227호 | **신고일자** 2003년 6월 25일

ISBN 979-11-93712-16-0 (13590)